D1150734

D'UN DÉSERT À L'AUTRE

André Fortin

D'un désert à l'autre

L'expérience chrétienne

BELLARMIN

Données de catalogage avant publication (Canada)
Fortin, André, 1924-
D'un désert à l'autre
(L'essentiel)

ISBN 2-89007-946-5

1. Vie spirituelle – Christianisme. 2. Déserts – Aspect religieux – Christianisme.
3. Église et le monde. 4. Fortin, André, 1924 - – Voyages. 5. Palestine –
Descriptions et voyages. 6. France – Descriptions et voyages. I. Titre. II.
Collection: Essentiel (Bellarmin)

BV4502.F67 2002   248.4   C2003-940403-X

Dépôt légal: 1er trimestre 2003
Bibliothèque nationale du Québec
© Éditions Bellarmin, 2003

Les Éditions Bellarmin remercient de leur soutien financier le ministère
du Patrimoine canadien, le Conseil des Arts du Canada et la Société
de développement des entreprises culturelles du Québec (SODEC).

IMPRIMÉ AU CANADA EN MARS 2003

À Lorraine, par qui Dieu
m'a conduit au désert.

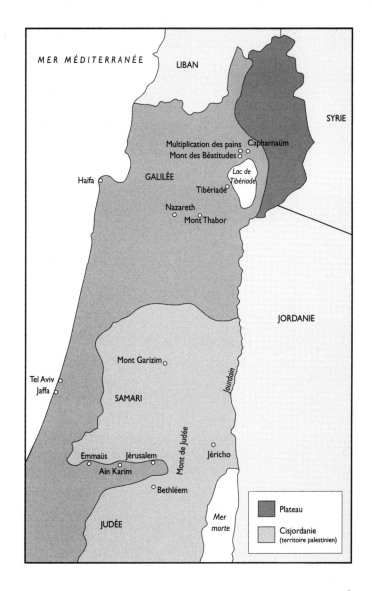

MER MÉDITERRANÉE

LIBAN

SYRIE

Multiplication des pains   Capharnaüm
Mont des Béatitudes

GALILÉE

Lac de Tibériade

Haïfa

Tibériade

Nazareth
Mont Thabor

JORDANIE

Mont Garizim

Tel Aviv
Jaffa

SAMARI

Jourdain

Mont de Judée

Emmaüs   Jérusalem
Ain Karim   Jéricho

Bethléem

JUDÉE

Mer morte

Plateau

Cisjordanie
(territoire palestinien)

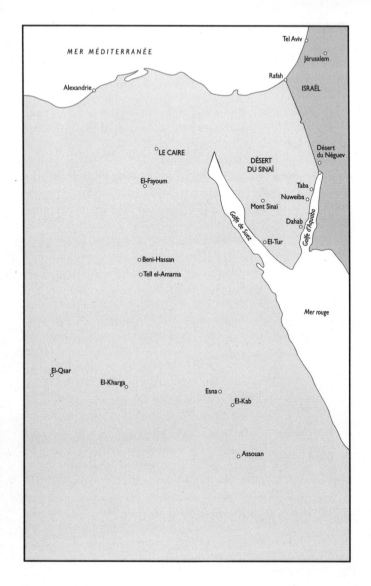

MER MÉDITERRANÉE

Tel Aviv

Jérusalem

Rafah

ISRAËL

Alexandrie

○ LE CAIRE

Désert
du Néguev

El-Fayoum

DÉSERT
DU SINAÏ

Taba

Nuweiba

Mont Sinaï

Golfe de Suez

Dahab

Golfe d'Aquaba

○ El-Tur

Beni-Hassan

Tell el-Amarna

Mer rouge

El-Qsar

El-Kharga

Esna ○

El-Kab

○ Assouan

INTRODUCTION

CE JOURNAL DE VOYAGE n'a rien d'une fiction. Une amie, du nom de Lorraine, qui séjournait à Jérusalem comme volontaire dans une maison pour jeunes handicapés, m'avait invité à célébrer la Nativité à Bethléem pour l'an 2000. Le projet s'est élargi pour englober, outre la Palestine avec ses lieux saints, le désert du Sinaï et une nuit sur le mont Sinaï même. Revenir en Palestine, où j'avais déjà campé en 1967, ne m'aurait pas attiré particulièrement sans cette invitation, mais il en allait bien autrement du désert, dont la pensée m'a occupé toute ma vie. Et puisque je me trouvais outre-Atlantique, j'en ai profité pour ajouter à mon itinéraire un voyage en France que je remettais depuis longtemps, et qui était en continuité avec les objectifs de ce voyage au Proche-Orient.

J'apporte toujours en voyage un carnet de notes et un appareil photo que je n'utilise guère. Pour une fois j'ai beaucoup écrit, en traçant souvent les lettres une par une, à cause des cahots de la route. Le texte qui suit n'est qu'une amplification de ces notes furtives.

Elles n'ont rien d'un reportage, car l'essentiel n'est pas le voyage extérieur. Celui-ci réveille les pensées que l'on porte déjà en soi et les accroche aux choses, auxquelles la distance et l'étrangeté de la situation confèrent un pouvoir déclencheur. Par la suite, les deux voyages, extérieur et intérieur, se font écho et s'engendrent l'un l'autre. Du Sinaï à la Palestine, puis à la France, l'itinéraire se double d'un voyage symbolique qui a pour fil conducteur une exploration des chemins de l'intériorité et une sorte de théologie des lieux saints, dans le contexte de la crise actuelle de l'Église et du christianisme. Encore faut-il souligner qu'il ne s'agit que d'une expérience personnelle parmi d'autres.

Par ailleurs, j'ai cru nécessaire d'ajouter des développements et des explicitations qui seraient superflus si je n'écrivais que pour moi. Il est normal, par ailleurs, que la méditation s'approfondisse et soit ponctuée par des reprises et des répétitions. Comme ce récit aborde certains thèmes d'une façon plutôt allusive, et parfois déroutante, quelques clés de lecture auront peut-être ici leur utilité.

Extériorité et intériorité

L'histoire du christianisme se fond dans celle de l'Occident.
Pourtant, il y aura toujours une tension entre les deux, chacun s'efforçant de convertir l'autre. On a l'impression
aujourd'hui d'atteindre un point de rupture. La formula-
tion reçue de l'enjeu, «pour ou contre la modernité»,
masque peut-être l'enjeu véritable : pour ou contre l'intériorité. «On ne comprend rien à la civilisation moderne,
écrivait déjà Bernanos, si l'on n'admet pas d'abord qu'elle
est une conspiration universelle contre toute espèce de vie
intérieure[1].» Bien entendu, ces deux figures antagonistes,
modernité occidentale tournée vers l'extériorité et christianisme travaillé par l'intériorité, ne vont pas côte à côte ou
face à face : leur tension, peu objectivée, est à l'œuvre dans
le christianisme lui-même et en chacun des chrétiens. Mais
l'Église d'Occident continuera de décliner, et ce ne sera
peut-être pas une perte absolue, aussi longtemps qu'elle ne
sera pas redevenue le lieu d'une expérience spirituelle.

Parmi les inventions qui ont balisé l'émergence de la
modernité, celle de l'imprimerie a été l'une des plus déci-
sives. Pour le christianisme, il en est résulté un transfert pro-
gressif du sens de l'*écoute* à celui de la *vue*. Une révolution qui
aura fini par transformer insensiblement un peuple d'audi-
teurs de la Parole, qui était jusque-là transmise de personne
à personne et proclamée en assemblée, en un peuple de
liseurs puis, avec la culture actuelle de l'image, en un peuple

---

1. Cité dans Gérald Leclerc, *Le bricolage religieux*, Paris, Du Rocher, 2002, p. 38.

de voyeurs. Alors que la vue a souvent quelque chose de dominateur, l'écoute est la faculté de l'ouverture et de l'accueil.

Dans cette perspective, la crise du christianisme dépend pour beaucoup de l'intellectualisation de la foi. Quand il ne s'agit plus pour un croyant d'aimer, de faire et de vivre, mais simplement de connaître et de professer intellectuellement un credo, la foi devient un formalisme. Maxime le Confesseur (VIᵉ siècle) déclarait que «la théologie sans la science de la pratique est diabolique». Voilà pourquoi ce livre, qui s'adresse à des chrétiens, tente de parler d'expérience spirituelle plutôt que de croyances.

Enseignement et initiation

La distinction entre une foi pensée, doctrinale et doctrinaire, et une foi enracinée dans l'expérience renvoie à la distinction entre l'enseignement, qui peut être complètement impersonnel, et l'initiation, qui procède toujours de personne à personne et suppose l'existence de maîtres spirituels. Or le drame principal de l'Église d'Occident — faut-il le redire? — tient à la rareté de ses maîtres spirituels, et le renversement de pareille situation, s'il doit se produire, demandera beaucoup de temps. Nous avons généralement perdu de vue que la transmission de la foi ne peut être qu'initiatique[2].

---

2. Durant la préparation d'une émission de radio, un des participants a eu le malheur de parler d'accompagnement et s'est vu répondre par l'animatrice qu'il s'agissait là d'un concept «bourgeois»!

Dans son premier livre, excessif mais remarquable, publié sous un pseudonyme à l'âge de vingt-quatre ans, Julien Green développe l'idée que le christianisme est, de fait, une religion d'initiés :

> La force d'une religion est dans sa magie. Les autres religions ont tenu leur magie secrète et ne l'ont confiée qu'à leurs initiés, mais la religion chrétienne a révélé à tout le monde ce dont les religions païennes eussent fait un mystère. Elle a initié tout le monde, et en initiant tout le monde, elle a gardé sa doctrine plus secrète que si elle l'eût consignée dans des livre indéchiffrables, cachés sous une pierre, au fond d'un temple inaccessible. Un secret n'est pas mieux gardé que lorsqu'il est livré à tout le monde, car alors il perd son air de secret, et le monde qui s'attache au mystérieux se détourne d'une chose aussi publique et ne se donne pas la peine de l'approfondir, et oublie ce qu'il en sait [3].

L'initiation chrétienne se fait normalement par transmission de personne à personne, de foi à foi, ce qui pose non seulement la question des maîtres spirituels, mais aussi d'une tradition fortement structurée à échelle humaine, comme lieu de transmission. L'Église est, par la

---

3. Théophile DELAPORTE, *Pamphlet contre les catholiques de France*, Paris, 1924 (réédité, sous le nom de l'auteur, avec une préface de Jacques Maritain, chez Plon, 1963 p. 295). On trouve la même idée chez des théologiens contemporains : « La maladie mortelle de la religion chrétienne n'est pas la naïveté mais la banalité. » (Johann Baptist METZ, *Concilium*, 249, p. 151) ; voir aussi Eugen DREWERMANN, *La peur et la faute. Psychanalyse et théologie morale I*, Paris, Cerf, 1992, p. 55. Il serait facile de retracer le thème de l'initiation progressive dans le Nouveau Testament, où elle est liée à l'action de l'Esprit Saint.

volonté du Christ, le lieu de la transmission de la foi, quoi qu'il en soit par ailleurs *des* lieux d'Église (déplacement, actuellement, des paroisses vers les sanctuaires et les monastères). Le rôle du prêtre, en particulier, se comprend dans cette perspective théologique : « Ce n'est pas d'abord celui qui doit veiller à ce que tous […] soient baptisés, ou à ce que tous se marient sacramentellement […]. C'est celui qui […] en accord avec le sentiment qu'il a d'être libéré et d'être racheté […] veut proclamer qu'il est intérieurement racheté et libéré[4]. » Au surplus, l'Église, en tant que communauté d'initiés, n'est pas seulement un corps d'experts habilités à en initier d'autres pour leur propre profit, elle est l'objet même de cette initiation. Dans les sociétés traditionnelles d'où nous vient l'idée d'initiation, celle-ci n'est pas simplement un enseignement, le dévoilement des secrets de la tribu, mais l'intégration au groupe comme essence de l'état adulte. Dans une société où l'enfant est roi, il ne peut y avoir transmission, ni de la culture ni de la foi, car tout le travail de l'adulte est de s'initier lui-même au monde de l'enfant.

Si l'initiation chrétienne est intégration à l'Église, le maître spirituel doit être envisagé comme interface de l'Église et du chercheur de Dieu, appelé à entrer dans le mystère du Christ, sous la gouverne du seul véritable maître, l'Esprit Saint. Le rôle du maître spirituel est d'ouvrir

---

4. Cité par Eugen DREWERMANN, *Fonctionnaires de Dieu*, Paris, Albin Michel, 1993, p. 667, note 1.

l'oreille du disciple à ce maître intérieur, sans en usurper la place. Comme Jean le Baptiste après avoir annoncé le Christ, il dira de l'Esprit: «Il faut qu'Il croisse et que je diminue.»

Une dernière remarque s'impose: dénoncer l'intellectualisation de la foi ne vise aucunement à minimiser l'importance de la doctrine, du dogme, de la théologie, plus que jamais nécessaires dans l'actuelle confusion théologique des fidèles. Je ne cherche ici qu'à rétablir le primat de l'expérience intérieure, les deux étant indissociables, se renvoyant constamment l'une à l'autre.

Le discernement spirituel

S'initier, c'est se mettre à l'écoute de l'Esprit. La moins personnelles des personnes divines, celle qui est le plus difficile d'imaginer, se révèle étrangement vivante et concrète. Cette écoute, qui s'appelle discernement spirituel, constitue le cœur de l'expérience spirituelle, alors que Dieu vient à notre rencontre pour nous guider et nous combler.

L'objet de ce discernement est très vaste: devant œuvrer à l'établissement du règne de Dieu, le chrétien doit sans cesse s'interroger, individuellement ou de façon communautaire, sur les voies de l'Esprit. Avec l'Église elle-même, il doit observer les signes des temps pour orienter son action dans le monde. Je m'en tiendrai ici à ce qui concerne la croissance personnelle du chrétien et la conduite de sa vie au quotidien.

L'homme biblique est corps, âme et esprit. En marge de la «science de l'âme», de la science du psychisme, des psychologues modernes, s'est développée au long des siècles une science chrétienne de l'esprit, une psychologie spirituelle, qui n'est pas moins profonde que l'autre et peut d'ailleurs s'y combiner.

Enracinée dans l'Écriture, une tradition fascinante se développe chez les Pères du désert, puis chez les mystiques et spirituels de toutes les époques. De nos jours, la doctrine du discernement s'appuie principalement sur saint Ignace de Loyola, qui a codifié sa propre expérience dans les *Exercices spirituels*. Elle gravite d'une façon privilégiée (mais non exclusivement) autour de l'observation des deux mouvements intérieurs de *consolation* et de *désolation*, d'origine surnaturelle. Je ne puis qu'évoquer sommairement ces deux concepts de base, comme on montre un instrument sans en expliquer le fonctionnement, puisqu'il n'est pas objet d'enseignement mais d'initiation.

La consolation tient davantage, ne serait-ce qu'à un très faible degré, du «fleuve de paix» des mystiques que de ce qu'on appelle communément la joie, et encore moins de l'euphorie, cette forme d'énervement. Elle n'est pas de l'ordre des émotions et du corps, bien que ces deux courants bien différents s'entremêlent sans se confondre, comme l'eau douce et l'eau salée dans certains estuaires. La consolation, en profondeur, peut même coexister avec, en surface, les émotions opposées à la joie.

La désolation est le contraire de la consolation, trouble et obscurité. Sur le plan humain, elle est comparable à la dépression, et il arrive qu'on les confonde. Elle s'apparente aussi à la nuit intérieure décrite par Jean de la Croix. Elle a donc une valeur purificatrice. Ses disciples sont d'avis aujourd'hui que cette expérience n'est pas réservée aux grands mystiques, mais fait partie intégrante de l'expérience chrétienne, le développement mystique étant enraciné dans la grâce initiale du baptême[5].

La consolation connaît la désolation. Mais elle agit parfois comme le lièvre de la fable, qui se croyait déjà parvenu au but. La désolation ne connaît pas la consolation et ne se connaît pas non plus elle-même. Elle agit comme les apôtres qui abandonnent avant le temps, après le désastre du Calvaire. Grosso modo, la paix de la consolation vient de Dieu, qui seul peut donner une consolation exempte d'illusions, et le trouble de la désolation vient de l'Ennemi. Les choses ne sont cependant pas si simples, et la nécessité du discernement tient à ce que l'une et l'autre peuvent venir de Dieu ou de l'Ennemi, qui en usent différemment pour influencer notre marche sur la Voie, en plus de se confondre avec nos propres états psychiques, déjà si déroutants. De là découle la nécessité du guide spirituel.

Peu à peu, on découvre un autre système de décision que l'intuition commune. Ces deux systèmes sont en

---

5. Voir l'admirable petit livre de Wilfrid Stinissen, *La nuit comme le jour illumine. La nuit obscure chez Jean de la Croix*, Louvain, Éd. du Moustier, 1990.

opposition : alors que l'intuition commune doit s'affranchir des émotions qui embrouillent la vue, le discernement spirituel s'appuie précisément sur les mouvements intérieurs, dont la source est transcendante et surnaturelle, par conséquent extérieure au moi, à l'ego.

Or il n'est pas seulement un système de décision (comment vivre l'instant à l'écoute de l'Esprit et non de soi-même), mais du même coup une pratique de connaissance de Dieu. C'est surtout sous cet aspect qu'il est présenté dans ce récit de voyage. C'est dire que la désolation est utile aussi à la connaissance de Dieu. Elle se caractérise par l'impression d'être coupé de Dieu, après avoir éprouvé sa proximité. Dieu se donne et ne se donne pas, il s'arrache et nous arrache aux prises de l'idolâtrie, dont il bouleverse et fracasse les concepts. Alors, peu à peu, aux heures consolées, qui constituent la trame normale de la vie intérieure, l'image de Dieu n'est plus la même. Son visage familier doit se dérober pour révéler son vrai visage, qui est de n'en avoir aucun, par-delà les visages provisoires qu'il présente, y compris celle du Jésus historique, pour s'adresser à nous, qui au départ sommes si loin de lui.

L'expérience chrétienne est symbolisée par l'ascension de la montagne intérieure, que j'ai essayé d'illustrer par celle du Sinaï. S'il fallait la résumer en un mot, à la lumière des deux Testaments puis de l'histoire de l'Église, elle tiendrait tout entière dans le vocabulaire du *passage* et du *dépassement*.

~

Religion et foi

On oppose volontiers aujourd'hui religion et spiritualité, deux concepts flous à souhait, en visant spécialement la religion chrétienne. Il faudrait d'abord s'entendre sur ce qu'est la religion. Parmi les cent cinquante définitions de ce mot, j'en retiens deux, en rapport avec le christianisme.

La religion comme aspiration à l'absolu. Tout ce qui nous met en mouvement, ne serait-ce que la beauté d'un chat, nous projette au-delà de lui-même, et le mouvement par lequel nous sommes portés à aimer, à admirer et à désirer, devient un mouvement de dépassement de ce que nous aimons [6]. Tristan et Yseut sont à l'horizon de tous les couples. De là l'importance de l'imagination, qui est peut-être la principale faculté religieuse, car c'est par elle que nous échappons au désenchantement. C'est elle qui nous fait croire que ce que nous cherchons existe, même s'il faut nous persuader que nous ne l'atteindrons jamais en ce monde. Le terme invisible de cette quête, de cette «inquiétude» (dirait saint Augustin) qui semble se dérober, comme un mirage qui s'éloigne à mesure que nous croyons l'approcher, les philosophes l'appellent l'absolu, et les croyants le nomment Dieu.

---

6. «Elle lui mit les deux mains sur les épaules et le regarda longuement de ses yeux profonds et pourtant scrutateurs. Ne l'ayant plus vu depuis longtemps, elle semblait étudier son visage. Comme à chacune de leurs rencontres, elle comparait l'image qu'elle conservait de lui dans son imagination (beaucoup plus belle, inexistante en réalité) à lui-même tel qu'il était.» (Léon TOLSTOÏ, *Anna Karénine.*)

Parmi les ressorts de la religion (il y en a plusieurs), cet incessant mouvement, cette aspiration est historiquement un des principaux, même si dans la société actuelle certains prétendent encore nier son existence. Il est alimenté par le fait que nous ne sommes pas complètement séparés de l'absolu, qui n'est pas seulement pensé comme une hypothèse, mais imaginé et senti, anticipé comme une Réalité. C'est sous les diverses formes du *sacré* que l'absolu se fait sentir et se livre déjà à notre attente en ce monde, qui vise à la fois le salut et le bonheur. La hantise du sacré peut d'ailleurs devenir, chez des esprits qualifiés pour cela de «religieux», une sorte d'aiguillon intérieur qui détermine la façon de vivre et de croire. Elle peut toutefois nous séparer du Dieu de la foi biblique, incarné en Jésus Christ. Ce *sens religieux*, inhérent au dynamisme de l'esprit humain, est une première définition de la religion.

La religion comme structure visible. Généralement, on entend plutôt par religion une communauté de fidèles, plus ou moins structurée en fonction d'un ensemble de croyances et de pratiques (cultuelles, morales, spirituelles). Dans ce second sens, on fait référence aux institutions qui, à cause de ses éléments d'autorité et d'orthodoxie, particulièrement prégnants dans le catholicisme, n'ont pas la cote aujourd'hui.

La première forme de religion répond à une exigence d'intériorité, et la seconde à une exigence d'extériorité. Entre l'une et l'autre il y a un lien : si c'est vraiment Dieu qui est visé par le sens religieux, et non un absolu informulé ou quelque sacré diffus dans la nature, et puisque nous sommes faits de chair et vivons en société, notre relation à Dieu ne peut se vivre d'une façon désincarnée ou rester privatisée à l'extrême. Le culte des morts de l'homme du Néandertal prélude déjà à toutes les religions qui couvriront la terre. Pour ce qui est du christianisme, l'origine divine de l'Église fait d'ailleurs partie de son credo[7].

Religion et foi. Or si ces deux formes de la religion se retrouvent dans le christianisme, celui-ci n'est pas que religion. On est même allé, au milieu du xxᵉ siècle, jusqu'à opposer la foi à la religion, et par le fait même à toutes les religions. Même si le dernier concile ne s'est pas référé à cette distinction (de source protestante), il y a quelque chose à en retenir. La religion, sous ses deux formes, reste inhérente au christianisme, mais on ne peut accéder pleinement

───────────

7. Dans un texte dont je ne puis citer ici que quelques lignes, Henri DE LUBAC le montre bien : «Une foi qui peu à peu en vient à ne plus comporter ni signe extérieur, ni culte, ni fête, ni institution sociale, ni référence à l'histoire, ni croyance objectivement formulée, ni rapport à la culture, ni sentiment, une foi sans aucun soutien ni moyen d'expression, ne correspond plus à la foi ni du chrétien moyen, ni de l'homme d'Église, ni du saint. Aucun fidèle de Jésus-Christ n'a, depuis vingt siècles, réalisé pareille vue de l'esprit ; aucun n'y a même tendu. [...] Pareille foi meurt asphyxiée. Dieu même disparaît de son horizon. Jésus-Christ, si l'on y pense encore, n'est plus qu'un lointain initiateur ; on s'en fabrique une image au gré de son désir.» (*La foi chrétienne*, Paris, Aubier-Montaigne, 1970, p. 187.) Il n'y a pas de doute que les catholiques actuels tendent à une foi sans institution, mais jusqu'à un certain point seulement, rarement jusqu'à l'abolition (cf. *Vers une foi sans institution ?*, sous la direction de Guy LAPOINTE et Jean-Marie YAMBAYAMBA K., Montréal, Fides, 1999). L'affaiblissement de l'Église institutionnelle ne peut d'ailleurs que favoriser une adhésion plus libre du croyant à l'Église.

à la foi qu'en sachant dépasser son élément religieux. La difficulté est que, pour le dépasser, il faut d'abord l'assumer, le conserver et non l'éliminer, transformé par la nouveauté de nos rapports avec Dieu, quand ce Dieu est le Dieu de l'Exode et de Jésus Christ.

Relayé par la foi, *l'instinct religieux* devient en quelque sorte suspect dans la pratique spirituelle du chrétien, car le défi du dépassement ne sera pas nécessairement relevé. En d'autres termes, le Dieu qui se révèle est bien différent du Dieu qu'on cherchait. « Toutes les religions sont les voies où l'homme cherche Dieu, écrit très justement le théologien orthodoxe Evdokimov. Elles sont multiples. La révélation chrétienne est unique, car c'est Dieu qui trouve l'homme. » Pour toutes sortes de raisons, qui peuvent être sincères, on reste fermé au Dieu déconcertant de la foi, lui préférant une idole plus conforme à l'idée qu'on s'en faisait, et qu'on persiste à considérer comme le Dieu révélé de la foi chrétienne. Telle est l'ambiguïté de la religion entendue au premier sens, et du sacré. À certains moments, plus fréquemment dans les époques troublées comme la nôtre, accepter le Dieu déconcertant de l'Évangile signifie entrer dans la foi nue, héroïque. Heureusement, Dieu lui-même travaille en nous à fracasser nos idoles, comme je l'ai dit plus haut à propos du discernement spirituel et de la désolation.

Quant à la religion comme *corps visible et organisé*, la nécessité de son dépassement n'est aujourd'hui que trop évidente ! Ce qui l'est moins, c'est celle de l'assumer !

Organisation humaine du divin, la religion est toujours impure, comme on peut le voir dans l'Ancien Testament, où elle passe par une longue purification. Mais cela est vrai également de la religion issue de l'Évangile. La pire tentation est évidemment celle du pouvoir. Mais d'autres déviations, moins évidentes, qu'on rencontrera dans ce récit de voyage, doivent être nommées : dans les manifestations extérieures du culte, le culte liturgique surtout, et de la piété individuelle en tant qu'alimentée par des pratiques collectives et populaires, comme le culte des saints et des reliques, les pèlerinages, etc., l'ambiguïté est à son comble, d'autant plus que la culture occidentale est entraînée massivement dans l'extériorité des sens. Il reste que la religion populaire a toujours été en honneur dans l'Église, mais sans s'aveugler pour autant sur ses formes larvées de superstition, de magie, d'idolâtrie, de sensiblerie, au détriment de l'essentiel, s'il est vrai que «l'essentiel est invisible pour les yeux», dixit le *Petit Prince*.

Religion et spiritualité. «Devient mystique ce qui se détache de l'institution», écrit un théologien contemporain, Michel de Certeau, dont je reparlerai. Il n'est donc pas étonnant que l'Église ait toujours été réticente à l'égard de sa propre tradition mystique, tout en continuant de canoniser ses grands témoins. Car le mystique a une expérience directe de Dieu, non pas en marge ou au-delà de la foi, mais une expérience qui, dans la foi même, participe davantage de la vision. On peut voir comme un signe des temps l'attrait pour la mystique et les mystiques dans le monde actuel, et je suis persuadé, pour ma part, que le renouvellement de l'Église, malade d'extériorité, passe par là. Malheureusement, ceux qui l'ont quittée déjà, et qui auraient pu s'ouvrir au témoignage des mystiques chrétiens, se sont tournés vers les «spiritualités», proches parentes mal définies des religions qu'elles contestent, dont le foisonnement défie toute classification. Leur trait commun est une recherche d'intériorité, qui interroge les religions orientales, les cultures autochtones, l'ésotérisme, la psychologie, les sciences, etc., dans une quête de guérison ou d'accomplissement de soi, dans la ligne du narcissisme typique de l'âge «post-moderne».

La position de ceux qui ont renoncé à la foi chrétienne, ou ne l'ont jamais connue, est claire et sans équivoque. Mais que penser de ceux qui, pour avoir raté le passage de la religion à la foi, sont passés de la religion à la spiritualité, opposant l'une à l'autre, tout en continuant de se vouloir chrétien? La spiritualité se situe au même niveau que la religion selon le premier sens du mot, le niveau des aspirations (le plus souvent en remplaçant Dieu par «le divin»), mais refuse le passage à la religion selon le deuxième sens. Le christianisme, quant à lui, est tout entier religion et tout entier spiritualité. Il fut même un temps où le mot *spiritualité* avait pour tout le monde le sens de spiritualité chrétienne. C'est dire que l'opposition entre spiritualité et religion n'a guère de sens dans son cas. À la limite, il y aura, d'un côté, le chrétien éclairé retranché dans sa bulle et séparé du peuple de Dieu, et de l'autre, une institution drapée dans la militance pour les droits de Dieu! La spiritualité chrétienne n'est rien d'autre que la foi vécue par opposition à une foi simplement pensée, réduite à des croyances. Malgré tout, la tension est toujours possible, voire inévitable, entre les découvertes, les inspirations de l'expérience spirituelle personnelle, plus ou moins «mystique» dans son essence même, et la foi transmise par l'institution. Le chrétien qui n'a pas saisi la fécondité de cette tension ne peut devenir un croyant adulte.

La première partie de ce voyage se passe au désert. Tout naturellement, l'expérience chrétienne y gravite autour des thèmes de la religion comme quête de Dieu. Dans les deux autres, en Israël et en France, l'intérêt se porte sur ceux de la religion entendue au deuxième sens du mot, comme communauté de croyants instituée. Dans les deux cas, la religion est tantôt assumée, tantôt dépassée.

JOURNAL DE VOYAGE

I

SINAÏ
ou la rencontre du Père

L E DIX DÉCEMBRE DE L'AN 2000, Lorraine vient à ma rencontre à l'aéroport de Tel Aviv, et nous nous rendons à Ain Karem, un bien joli village, autrefois arabe, situé à une demi-heure de Jérusalem. C'est dans ce village qu'elle travaille, et c'est là qu'elle m'a réservé une chambre dans une hôtellerie où elle a déjà travaillé dans le passé. Lorsque le *sherout* (taxi collectif) nous dépose à l'hôpital de la Hadassah, célèbre dans le monde pour sa qualité et ses vitraux de Chagall, il fait déjà nuit et nous sommes à une certaine distance du village lui-même, séparé par une vallée. Elle serait embarrassée d'en indiquer le chemin au chauffeur, car il serpente au milieu des collines, mais elle connaît par cœur le sentier qui y mène. Nous le franchissons à la clarté des étoiles.

Déjà tout est différent. Le climat, cette année, est exceptionnellement doux. Dès qu'on sort des grandes villes, et même en ville, les constructions humaines font corps avec la nature. Pour l'instant, le contact avec cette terre sèche mêlée de sable et de gravier, la pierre blonde et friable dont est façonné le pays tout entier, l'odeur de la flore méditerranéenne, la vue des collines allumées comme des lanternes, le silence des lieux et de la nuit, tout m'invite à m'abandonner à la première sensation des choses ordinaires.

Dès cet instant, je me rends compte à quel point notre lecture de la Bible a quelque chose de forcément abstrait. Je marche dans les collines de Judée, où les parents de Jésus montaient chaque année. Dans la Bible, les déplacements continuels, à pied ou à dos d'animal, sont simplement mentionnés comme des évidences (et il en fut ainsi jusqu'au siècle dernier). «Jésus faisait route à travers villes et villages ; il proclamait et annonçait la bonne nouvelle du Règne de Dieu. Les douze étaient avec lui, et aussi des femmes qui avaient été guéries…» Or Nazareth est à cent trente kilomètres de Jérusalem (la distance qui sépare Québec et Trois-Rivières), et Nazareth, à trente kilomètres de Tibériade. Nous sommes habitués de scruter l'Antiquité par notre bout de la lorgnette. Mais à l'autre extrémité, la réalité dépasse la fiction. Je m'étais déjà fait la même réflexion au contact de populations du tiers-monde, qui ne sont pas encore entrées dans la modernité. Pour eux, nous sommes des étranger issus d'une autre époque encore plus que d'un autre pays.

Et le message des Anciens, dont faisait partie l'homme Jésus, peut-il être simplement classé comme appartenant au passé, alors qu'il nous vient plutôt d'un ailleurs, d'une autre culture, dont le mystère ne peut être épuisé avec nos outils intellectuels, qui sont aussi datés? L'histoire s'attache-t-elle suffisamment aux consciences personnelles, qui sont à n'importe quelle époque la substance des peuples?

La maison Notre-Dame-de-Sion, centre d'hébergement œcuménique fondé par Ratisbonne au xixe siècle, est tenue par les Sœurs de Sion, au sommet du village. Elle est jouxtée dans la même enceinte par le monastère qui abrite la branche contemplative de la congrégation. L'accueil, la beauté du jardin, semé et entretenu au fil des ans par une main experte, en font un lieu de repos et de recueillement recherché. Alors que nous sommes fascinés de marcher au milieu des roses, eux se croient en hiver! Au milieu du jardin, un petit ermitage, endroit rêvé pour écrire un livre ou retourner aux sources de sa vie. Je suis l'unique pensionnaire de la maison, car le conflit palestinien a vidé le pays de tous ses visiteurs.

Je me sens partagé entre le désir d'explorer et le démon de l'empressement. Lorraine m'accompagne sans me précéder. En après-midi, j'aurai un premier contact avec Jérusalem.

Au lendemain de mon arrivée, j'admire mon village, qui devait presque avoir le même aspect au temps de la Visitation et de la naissance de Jean le Baptiste. Il suffit de fermer les yeux et de supprimer les chemins et les venelles asphaltés avec leurs quelques voitures. Deux magnifiques églises anciennes commémorent ces événements des tout débuts, celle de Saint-Jean-Baptiste et celle de la Visitation. À une demi-heure de marche d'Ain Karem, on peut lire aussi sur le mur d'un petit monastère surplombant une vallée que Jean le Baptiste aurait passé sa jeunesse dans cette vallée.

Le mystère de la Visitation est la réplique chrétienne d'une citation panthéiste devenue célèbre par l'ouvrage de Marilyn Ferguson sur le Nouvel Âge. Observant sa petite sœur en train de boire son lait, un enfant disait : « Soudain, je vis qu'elle était Dieu et que le lait était Dieu. C'est-à-dire qu'elle ne faisait que verser Dieu en Dieu. » Lorsque Jean-Baptiste tressaille dans le sein d'Élizabeth à l'arrivée de Marie portant Jésus en elle, on peut dire que, d'un enfant à l'autre, l'Esprit parle à l'Esprit. Mais les deux sont distincts, comme les trois personnes divines sont distinctes, comme Dieu le Tout Autre et la créature sont distincts ; et pourtant, chaque croyant est habité et animé par le même Esprit : « L'Esprit en personne se joint à votre esprit pour attester que nous sommes enfants de Dieu. »

Mardi, 12 décembre — Comme Lorraine est en congé pour la semaine, nous avons convenu de faire ensemble le voyage au désert du Sinaï. Elle a réservé deux places dans l'autobus qui doit nous amener à Eilat, le point le plus au sud du pays, sur le golfe d'Aqaba. Nous avons décidé d'y passer la nuit, afin d'arriver à Sainte-Catherine en plein jour.

Nous voulions louer une voiture, mais nous n'aurions pu traverser la frontière égyptienne. Cela est vrai aussi en sens inverse pour une voiture louée en Égypte. Il nous a donc fallu franchir d'une traite le désert de Judée, longer la mer Morte et traverser le désert du Néguev, en suivant la frontière jordanienne, jusqu'à Eilat.

Les déserts (de Syrie, de Judée, de Jordanie, d'Arabie, du Néguev, du Sinaï) contribuent assurément à la fascination du Proche-Orient. Malgré leur relative diversité, ils confèrent à toute une région une certaine homogénéité de la nature. La civilisation s'y installe et y transporte ses rivalités, mais sans pouvoir dévaster les lieux. Que peut-on faire avec une montagne de roc et de sable en bordure de la mer, sinon la regarder ?

Mais à Eilat, seuls les oiseaux du ciel peuvent franchir allègrement les frontières qui y séparent quatre pays pas toujours en paix.

La ville a surgi avec la guerre d'indépendance de 1948, sur un lieu de passage stratégique et millénaire, qui était encore jusque-là le bout du monde. Elle a pour ainsi dire recueilli le goût du plaisir et du loisir comprimé par la mystique sioniste, sur un site éminemment propice par son climat et ses beautés naturelles. C'est le seul endroit où nous avons été témoins d'une véritable affluence, en majeure partie venue de l'Europe du Nord.

Nous n'avons rien appris à Eilat, ville tapageuse et touristique, à mi-chemin entre l'Orient et l'Occident. La nature n'y est pas encore domestiquée, aseptisée, il s'en dégage toujours un parfum d'exotisme. En cherchant un raccourci à travers un petit parc, en quête d'un gîte, nous étions ébahis de marcher dans les dattes pourrissant sous un palmier! Malgré tout, en quittant Eilat, j'avais l'impression que le développement de la civilisation faisait peu à peu de chaque lieu le point d'émergence d'une histoire s'abolissant elle-même. La dernière strate, de plus en plus identique partout, abolissait toutes les précédentes, de sorte qu'on devrait perdre un jour les traces du commencement. Dans cent ans, à moins d'un improbable sursaut, la diversité se retrouvera dans les musées d'anthropologie. Avant le choc du désert, je n'aurais osé écrire pareille chose, par crainte de sembler partager la vaine nostalgie de ceux qui s'effraient de la modernité. Mais Eilat n'en est pas encore là. Un hôtel confortable est encore bien sommaire, et c'est cette différence qu'y viennent chercher les touristes venus des pays riches. En d'autres circonstances, toutefois, nous aurions volontiers profité de ce qu'elle offre de meilleur et d'unique au monde : son observatoire sous-marin et l'étang des dauphins, où les riants cétacés en liberté viennent jouer avec les nageurs. Nous avons songé à y retourner un jour pour jouir de ces attractions. Mais nous avions hâte de quitter Eilat, simple étape sur notre route.

Ce n'est qu'une fois plongés dans le désert, où la puissante symbolique du désert intérieur allait au-devant du désert extérieur, que nous avons compris qu'il fallait pour ainsi dire nous arrêter d'abord à Eilat, car on ne pénètre pas dans le désert sans tourner le dos à quelque chose. Quelque chose à dépasser, plus qu'à nier. Pour la plupart des gens, le voyage s'arrête là, un petit paradis de consommation en plein essor. Je n'ignore pas, en écrivant cela, que le Sinaï fait partie des «excursions» qu'on y offre aux vacanciers…

Nous sommes bien prévenus: à la frontière égyptienne, nous en aurons pour une heure avec les formalités. Ici, comme en Israël, nous sommes à peu près seuls. L'industrie touristique, paralysée par le meurtre de touristes en 1997, a repris son essor, mais au cœur de l'hiver, nous sommes en pleine saison morte. Nulle part, dans les deux pays, nous n'aurons connu les foules et les files d'attente. C'est le grand creux saisonnier pour les commerces qui vivent du tourisme. Pour les voyageurs, il s'agit d'une chance unique de plonger comme des anges invisibles dans le pays réel. Les militaires désœuvrés, affalés sur des bancs, nous font signe d'avancer d'un guichet à l'autre.

À Taba (station balnéaire où se dérouleront bientôt des pourparlers israëliens-palestiniens), nous pouvons donc aussi marchander facilement un taxi pour le Sinaï.

Dès ces premiers contacts avec les fonctionnaires et les chauffeurs de taxi, je suis frappé de me trouver en présence d'un homme différent [1]. Sans verser dans un exotisme de commande, et sans l'avoir prévu, le stéréotype inscrit en moi fonctionne à plein, même si j'ai souvent vu des Égyptiens à travers les informations véhiculées par les médias. Ce qu'on appelle « l'actualité » nous apprend d'ailleurs bien peu de choses sur ce qui, pour les peuples évoqués, constitue leur actualité quotidienne. Le discours des médias a vraiment peu en commun avec ce dont nous parlons toute la journée. Si le contenu des reportages cerne mieux la réalité, ils laissent échapper l'essentiel, qui réside au-delà de toutes les images et de leurs arrangements. (Je me souviens que, dans le grand voyage que s'était offert René Lévesque à la fin de sa vie, c'est l'Égypte qui l'avait le plus impressionné.)

Avant de venir ici, je n'étais pas familier avec l'idée que l'Égyptien actuel reste le dépositaire d'une des plus fabuleuses civilisations. Malgré le brassage des populations au cours de l'histoire mouvementée de ce pays depuis cinq mille ans, leurs descendants se réclament encore d'une même identité. Par rapport à mon stéréotype, il y a tout de même des différences. Les quelques individus rencontrés dans ce voyage éclair, incluant les bédouins, nomades ou sédentarisés, ne sont pas de culture intellectuelle ; sous leur allure simple, affable, d'une grande dignité, avec leur

---

[1]. Je dis bien : d'un homme, car notre court séjour en Égypte nous aura rarement fourni l'occasion de connaître les femmes égyptiennes. Dans les services, sauf jusqu'à un certain point dans les stations touristiques, les préposés qui se trouvent en contact direct avec le public sont des hommes.

physique imposant et leur peau basanée, et malgré leur ressemblance avec les représentations de l'archéologie, hiératisme en moins, leurs racines sont inconscientes. Et pourtant manifestes.

J'avoue que si je croyais à la réincarnation, il n'y aurait d'existence passée dans mon imaginaire ni en Amérique du Nord ni dans la modernité occidentale, du moins dans ses ultimes manifestations actuelles, car on ne saura jamais si celles-ci étaient déjà inscrites, inéluctablement, dans les promesses des débuts.

Déjà aux abords de la mer Rouge, en longeant le golfe d'Aqaba, une certaine intégrité du paysage et de la vie, à travers l'éclatement d'un énorme boom touristique en marche, nous ravit, comme un état intermédiaire auquel il serait encore possible de se tenir.

À mesure qu'ils entrent dans la voie royale du développement, les pays du sud sont forcés de faire des emprunts. Mais jusqu'ici, si j'en juge par ce que j'en ai vu, la mesure de cette occidentalisation reste relative, soumise à un processus d'assimilation, d'adaptation à des cultures profondément enracinées. Dans des pays très populeux, peu urbanisés, l'imitation du modèle étranger est freinée par tout le poids, j'allais dire «l'inertie», de la culture autochtone, marquée par la géographie et le climat, et surtout peut-être par une conception différente du temps. Pour le voyageur sensible avant tout aux ambiances, c'est dans l'architecture que la différence est d'abord frappante. L'Occident est pressé, très pressé. Le temps étant devenu de l'argent, il a des objectifs quantitatifs, et il doit faire avec les contraintes du climat. De là l'emploi de matériaux standardisés fabriqués en série, le recours à des méthodes standardisées, par des ouvriers standardisés, et la hantise d'économiser l'espace, en surface, en volume. À la limite, l'édifice idéal sera un cube parfait, construit dans un temps record, revêtu de verre ou d'acier, affranchi le plus possible des matériaux organiques, rebelles à la production de masse.

En entrant en Israël, où, par son architecture en particulier, le creuset de la culture arabe impose à tout le pays une paradoxale unité, puis en passant en Égypte, j'éprouve immédiatement un étrange sentiment de familiarité, alors que je suis si éloigné de ma culture. Ce sentiment me rassure, car je me suis souvent demandé ce qui en nous résiste à la modernité malgré ses valeurs indéniables. Il serait trop simple d'en appeler à quelque instinct de sécurité s'attachant au passé et à un refus du changement. Ce que nous éprouvons confusément, c'est le sentiment d'un appauvrissement de notre humanité primitive. À travers ce qu'on prend pour la nostalgie du *passé* finit par se révéler une privation des valeurs *permanentes*. C'est cette intuition qui prend corps aujourd'hui chez ceux qui, de plus en plus nombreux et d'allégeances très diverses, dénoncent le vide spirituel associé à la rationalité technique. Avec l'essor de la mondialisation, il devient encore plus évident que les rapports des pays dominants avec les pays en émergence ont quelque chose à voir avec le spirituel.

Valeurs passées ou permanentes, refus, dépassement, ouverture à la nouveauté, ce n'est pas par la réflexion intellectuelle qu'on peut effectuer la décantation de tout ce qui s'entremêle en nous, mais plutôt par le choc d'expériences qui nous révèlent nos propres pensées, selon qu'elles sont en accord ou en désaccord avec notre sentiment intérieur. Il y a ici de la fantaisie dans l'architecture. Les matériaux de revêtement sont d'origine locale, la ligne courbe et les rondeurs dominent, comme dans tous les pays arabes, qui sont pourtant des cultures mâles, les divers pavillons d'un même complexe diffèrent en partie par la forme ou la décoration. La légèreté des constructions et le choix des couleurs sont en accord avec la profusion de la lumière. On construit en échafaudant avec des poutrelles de bois, selon des méthodes traditionnelles. Franchir les lieux, c'est aussi franchir le temps. Nos manuels d'histoire ne sont que des interprétations de l'Europe et de l'Occident. On se sent ici davantage en continuité avec l'Antiquité, qui ne persiste pas par imitation (comme à la Renaissance en Occident) mais de plein droit. Le paysage construit est d'une merveilleuse originalité qui s'ignore elle-même, car il semble façonné par le peuple lui-même, qui puise naturellement dans ses valeurs ancestrales plutôt que dans celles imposées par les gérants d'usines.

Ce contraste tient peut-être d'abord au fait qu'ils emploient encore les matériaux organiques et la pierre naturelle, mais pour combien de temps? Je crains qu'ils ne finissent par s'enticher des planchers en tuiles de vinyle et des plafonds de panneaux isolants, avec leurs soutiens métalliques et autres trucs fabriqués en série, qui font que nos immeubles ressemblent à des hôpitaux.

Nous avons des solutions aux problèmes économiques, et nous brûlons de les vendre, mais elles ne sont pas compatibles, même pour nous, avec la solution des problèmes humains. J'ai conscience que ce que je dis n'est pas original, mais nos souffrances individuelles, y compris les spirituelles, sont toujours originales. Ce sont souvent les pays qui manquent de pain qui nous rappellent que l'homme ne vit pas que de pain.

Comme j'éprouve une impression semblable en Israël, je suis porté à me demander d'où peut venir la similitude entre deux peuples si étrangers par leurs racines, et si souvent en guerre. Je me suis dit qu'il existe peut-être entre les peuples demeurés religieux une parenté qui se reflète dans leur culture, mais cela reste à démontrer. Par contre, je crois constater que la migration sioniste s'est faite dans un pays arabe et qui l'est resté ; et que l'un et l'autre, en tant même que moins développés, n'ont pas encore accédé pleinement comme nous à la modernité, laquelle produit un effet de nivellement, par affranchissement du passé. À maintes reprises, j'ai ressenti la même impression dans les pays du tiers-monde, où la proximité avec la nature semblait aller de pair avec une proximité entre les gens. La pauvreté y est tempérée par la convivialité, ce qui n'est pas étranger à la première béatitude.

Il est remarquable que, après les espoirs fous de la première moitié du xxᵉ siècle, le mot «progrès», à l'ère du surdéveloppement accéléré, soit devenu pour l'homme de la rue objet de dérision («On n'arrête pas le progrès!»).

Même en Occident, malgré la volonté de rupture, il y avait encore une profonde continuité entre le Moyen Âge et la Renaissance. Érasme et Rabelais héritent encore d'une spiritualité d'autant plus forte qu'elle est devenue souterraine. La grande rupture qui se préparait n'apparaîtra vraiment dans la sensibilité commune qu'avec le xviiiᵉ siècle. C'est à nous qu'étaient réservés l'historicisme et la fuite en avant, la glorification de l'éphémère et du déracinement (Toffler), dont se nourrit maintenant le Marché absolu.

Désert

Ces réflexions sur l'architecture, l'espace et le temps, me sont venues en entrant dans le désert. L'histoire semblait comme abolie, comme la trace du vaisseau sur la mer ou le vol de l'oiseau dans les airs[2]. «Un âge va, un âge vient, mais la terre tient toujours[3].» Les architectures humaines s'effaçaient devant l'architecture divine, c'était comme au commencement du monde. La coïncidence du temps et de l'éternité fait partie de l'expérience chrétienne. Pour

---

2. Sagesse, 5,10.
3. L'Ecclésiaste, 1,4.

retrouver le frémissement de l'éternité au cœur du temps, alors que l'éphémère est sauvé du néant, il n'est peut-être pas nécessaire de se rendre au désert, mais quelle meilleure façon pour l'homme contemporain de s'arracher au temps et de passer de l'un à l'autre avant de les réunir?

À partir de Nuweiba, la route quitte la mer momentanément pour franchir un col. Soudain, en entrant pour de bon dans le désert, avant Dahab, au carrefour où nous avons pu acheter des dattes et des amandes pour le voyage, la grande nudité ensoleillée des collines de roc, aux reflets jaunes, mauves ou ocres, nous donne l'impression de voir la strate originelle merveilleusement intacte de toutes choses. Les anciens Israélites eux-mêmes n'ont fait qu'y passer, avant nous, comme nous, après d'autres, déjà loin des commencements du monde, qui continuent d'englober comme une sorte d'éternité concrète toutes nos histoires particulières. Le décor est planté, l'histoire peut commencer. L'éternité et le commencement coïncident dans le don de l'instant.

Pour le paléontologue ou pour l'historien, trois mille deux cents ans passés, c'était hier. Pour le profane, pour celui qui respire dans les mêmes lieux, inchangés, qui foule le même sol, qui voit les mêmes pierres, les événements de l'Exode sortent du mythe et de la légende pour devenir historiques, d'autant plus palpables dans le souvenir qu'ils s'inscrivent dans une assez longue durée. Du coup, le mystère de la progressive incarnation de Dieu, de sa présence contingente dans le cosmos, devient stupéfiant, de plus en plus scandaleusement tangible. Si la Pâques chrétienne a le sens d'un «passage» du temps à l'éternité, les deux étant désormais l'un dans l'autre[4], il a bien fallu un premier passage en sens inverse, pour déjà les réunir par une venue de Dieu dans le temps. De là, d'ailleurs, les deux mouvements de la spiritualité chrétienne : voir Dieu dans les créatures et les créatures en Dieu.

Au début, mon imagination était un peu déconcertée, car mon image du désert privilégiait plutôt les déserts de sable. Peu à peu je suis initié à une expérience différente. Il me semble qu'on a l'habitude d'associer le silence à la pénombre. La vibration du soleil sur ce paysage immobile et insolite, qui ne bouge que par nos propres déplacements, produit comme un torrent de silence qui se confond avec la lumière.

Si nos sensations n'étaient depuis toujours interceptées par les mots, peut-être ne nous étonnerions-nous de rien. En particulier, quand on essaie de mettre en mots l'expérience spirituelle, on trompe tout le monde. L'épisode de

---

4. Mircea Eliade a parfaitement saisi ce qui constitue l'originalité du christianisme : «Du point de vue de l'histoire des religions le judéo-christianisme nous présente l'hiérophanie suprême : *la transfiguration de l'événement historique en hiérophanie*. Il s'agit de quelque chose de plus que la hiérophanie du Temps, car le Temps sacré est familier à toutes les religions. Cette fois, c'est l'événement historique comme tel qui révèle le maximum de trans-historicité : Dieu n'intervient pas seulement dans l'histoire, comme c'était le cas du judaïsme ; il s'incarne dans un être historique […] l'existence de Jésus est une théophanie totale ; il y a là comme un audacieux effort pour *sauver l'événement historique* en lui-même, en lui accordant le maximum d'être.» (*Images et symboles*, Paris, Gallimard, 1980, p. 223.)

Babel débouche directement sur les guerres de religion. Ainsi, rien n'est plus incompréhensible pour nous que l'idée du « vide », familière aux bouddhistes et aux mystiques en général. La vue du désert paraît soudainement comme la solution d'une énigme : la coïncidence de la plénitude et du vide est aussi évidente qu'inexprimable, et on se réconcilie tout naturellement avec celui qui le premier a parlé de « coïncidence des opposés[5] ».

Chaque fois que nous sommes séparés de nos amis et de nos proches, par la mort ou par la distance, la terre nous semble se vider progressivement, mais on voit ici que le vide baigne dans une lumière qui en est comme la négation.

De la collection complète des œuvres de Jules Verne, que je dévorais dans ma jeunesse, celle qui se détache dans mon souvenir, en ce moment surtout, est une nouvelle satirique peu connue, intitulée *Le docteur Ox*. C'est le seul de ses livres que j'aie racheté pour le relire. Un savant maléfique avait empoisonné les habitants d'une petite ville paisible au moyen d'un oxygène concentré qui émanait des réverbères. Toute la population se trouvait intoxiquée à son insu, et les gens, devenus fous, se déchaînaient en tous sens, au point de déclarer la guerre au village voisin pour un affront symbolique qui remontait au Moyen Âge. À la suite d'une course échevelée dans la haute tour du beffroi, où ils devaient reconnaître les positions de l'ennemi, parvenus au-dessus du nuage d'oxygène, le bourgmestre et son conseiller

---

5. *Coincidentia oppositorum* (Nicolas de Cues, xve siècle).

retrouvaient tout à coup une paix merveilleuse, qu'ils per-
daient en redescendant. Le monde se divisait en deux mais
on avait perdu la trace de l'un des deux lieux. La nouvelle
se termine par une troublante réflexion, typique de l'auteur : « La vertu, le courage, le talent, l'esprit, l'imagination, toutes ces qualités ou ces facultés, ne seraient-elles
donc qu'une question d'oxygène ? » Or l'auteur avait
donné pour titre au chapitre du beffroi : « Où il est prouvé
une fois de plus que d'un lieu élevé on domine toutes les
petitesses humaines. » J'ignore s'il y a plus ou moins d'oxygène dans les déserts, mais il faut aller y respirer une fois
pour comprendre. Il faut des lieux, voire de petits déserts
extérieurs, pour se recréer, pour se déconnecter des autres
lieux extérieurs où se reconstruit sans cesse notre personnage ; mais, à moins d'une vocation particulière, on doit
aussi savoir s'en arracher, car le désert n'est pas un lieu
où l'on parle mais d'où l'on parle. Les Pères du désert
enseignaient à quitter Dieu pour Dieu. On peut aussi y
rêver et invoquer un avenir inconnu comme l'Hébreu en
exil à Babylone. Mais le désert extérieur est-il vraiment
extérieur ? Où passe la frontière entre le désert intérieur
et le désert extérieur, si une telle frontière existe ? En nous
peut-être ? Pour Harvey Cox, d'abord prophète de la sécularisation, l'Orient n'est pas une contrée géographique
mais une dimension intérieure à l'esprit humain[6]. Celui-ci
présente toujours deux pôles, qu'on peut représenter de

---

6. Harvey Cox, *L'appel de l'Orient*, Paris, Seuil, 1979.

diverses façons avec leurs nuances respectives, mais de leur équilibre dépend la santé : répartition des fonctions cérébrales en deux hémisphères ; raison et intuition ; extériorité et intériorité, etc. Cette dernière différence est aujourd'hui décisive. Peut-être l'homme, né dans l'extériorité, s'est-il intériorisé progressivement (selon Jung, on naît extraverti, on devient introverti). Et peut-être l'intériorité est-elle plus fragile pour cette raison. Les anthropologues expliqueraient mieux que moi le rôle déterminant de l'environnement dans cette évolution. Paradoxalement, le vrai désert, le désert physique, avec l'expérience de solitude qu'il donne à vivre, serait un remède salutaire au «désert spirituel» de la société actuelle, qui a fait basculer pour de bon dans l'extériorité l'homme occidental. Il semble y avoir ici une contradiction : si l'homme est né dans l'extériorité, il s'agirait donc d'un retour aux sources. La contradiction n'est sans doute qu'apparente, car on peut supposer que l'extériorité primitive était en marche vers un certain degré d'intériorisation, alors que celle d'aujourd'hui s'en éloigne. L'intériorité est ambiguë et fragile, car elle peut dévier vers des formes névrotiques qui la discréditent, mais il y a un cercle vicieux à signaler : il serait normal de dénoncer également les formes névrotiques de l'extériorité, si nous ne vivions, justement, sous l'empire de l'extériorité !

Lorsque je parle de l'oraison contemplative, je n'ai guère de définition à offrir de la contemplation. J'essaie plutôt d'en suggérer l'idée en montrant qu'elle fait partie d'une constellation d'idées qui lui sont associées. Par exemple, la capacité de solitude heureuse, en ce sens qu'on peut, ne serait-ce que par intermittence, se retrouver seul sans en éprouver de manque; et que, quand on s'y sent opprimé à certains moments, la fuite n'est pas la solution[7]. Il y a encore ici un cercle vicieux à casser: il faut pour entrer en soi être capable d'aller à sa propre rencontre, mais la pratique de solitude en est elle-même la condition. De toute façon, à une certaine profondeur de soi-même, on vit et on meurt seul, car chacun est unique. L'intériorité est justement ce qui fait de chaque être humain un sujet, unique. Assumer sa subjectivité n'a rien de commun avec quelque forme de narcissisme ou avec l'introspection[8]. Mais, pour celui dont la solitude n'est pas ouverte sur Dieu, elle peut devenir angoissante, vécue dans un sentiment d'enfermement. Or il y a une découverte merveilleuse à faire: jamais on ne se sent si près des autres que dans la solitude, s'il s'agit d'une solitude choisie. Ceux qui fréquentent les êtres de silence le perçoivent tout de suite. Voilà aussi pourquoi il est facile, au besoin, de quitter le désert extérieur, de quitter Dieu pour Dieu. Mais parmi les appels des autres, il faut apprendre à discerner ceux qui

---

7. «Pour un homme normal, la solitude temporaire est plus nécessaire que le manger et le boire.» (Dostoïevski, cité dans Anselm GRÜN, *Petit traité de spiritualité au quotidien*, Paris, Albin Michel, 1999, p. 76.)

8. En Inde, certaines disciplines spirituelles, devenues un but en soi et une performance, manifestent à quel point, quand elles sont poussées à leur limite, cette ressaisie de soi-même peut être un principe de solidité, même physique: quand il a atteint un degré suffisant de concentration, aucune force ne peut faire bouger le yogi.

viennent de Dieu de ceux qui viennent simplement de la société, qui a le bras long. Il n'y a pas si longtemps, dans la région où j'habite, j'ai entendu dire qu'un brave ermite qui avait élu domicile dans la forêt s'était fait tuer par un villageois.

Le silence appelle le silence. En quittant la mer pour entrer peu à peu dans le désert, spontanément nous nous sommes tus et nous sommes mis à méditer. Je sais et j'enseigne moi-même qu'il faut considérer l'oraison comme un service, et éventuellement un travail, en respectant les consignes avec réalisme, indépendamment des caprices de la dévotion intérieure. Mais, en Occident comme en Orient, ce qu'on appelle aujourd'hui méditation n'en est pas moins appelé à devenir un mode de vie. Pendant que nous méditons en chemin, je trouve ridicule dans les circonstances qu'on soit obligé d'imposer à cet exercice un cadre, une discipline et une durée fixe. Méditer comme on respire. J'éprouve toute la justesse de cette réflexion d'Arnaud Desjardins : pour méditer nous n'avons pas à «faire silence», on peut faire du bruit mais on ne peut pas faire du silence ; il suffit de supprimer le bruit pour retrouver le silence qui est notre nature originelle. Puisque tout redevient possible, n'y a-t-il pas un lien entre le péché et le bruit, du moins celui qui est programmé pour envahir les consciences et les vider, comme on vide un flacon de parfum en y versant n'importe quoi? Que reste-t-il du parfum de la liberté sans cet autre vide et l'enivrante solitude du désert intérieur? Certes le désert extérieur dans toute sa plénitude n'est ni possible pour tous ni nécessaire pour personne, le désert intérieur se suffit, mais le désert extérieur doit-il rester le secret de ceux qui n'en ont pas besoin? Il n'est pas seulement le reflet et une projection de l'expérience spirituelle, il peut en être la matrice et la fortifier. De tout temps, des armées l'ont traversé sans s'y abreuver, pour y passer ou s'approprier les richesses de son sous-sol. Et pourtant elles ne l'ont pas détruit. Il en va bien autrement aujourd'hui. Réservé aux voyageurs spirituels jusqu'à une époque récente, le mont Sinaï (avec toute la région du haut Sinaï) est désormais attaqué et pollué durant la saison chaude par des armées de touristes et randonneurs en quête de sensations nouvelles. Comment éviter que s'y glissent des financiers venus rêver devant de si vastes étendues encore inutiles? Pour l'heure, Lorraine et moi rêvons éveillés, toutes pensées abolies.

On découvre aussi la coïncidence de la parole et du silence. Méditer dans le désert! La méditation peut rendre la parole aux muets. Certains êtres parlent peu, on les accuse de ne pas savoir exprimer leurs sentiments et dire «je t'aime». Ce problème ne se pose pas pour communiquer avec Dieu, qui est Parole subsistante, en dehors des circuits de nos paroles parlées. Le Verbe est venu du silence et y est retourné. Il sait user de nos paroles pour nous rejoindre, mais les paroles de l'Écriture ne l'épuisent pas, et souvent le trahissent — source de chicanes théologiques. Il est quasi impossible de parler *de* celui qui est au-delà des mots. Mais cela n'empêche pas de *lui* parler, à condition de renoncer aux mots. Il n'y a guère de chicanes entre les mystiques de toutes religions. Pour s'adresser au Mystère de Dieu, il faut descendre au mystère de l'homme, en deçà des mots. «L'abîme invoque l'abîme» (Ps 42). Le silence est bien autre chose qu'absence de mots. C'est un autre langage, d'initiés, qui passe en intensité tous les «je t'aime» de nos autres amours, qu'il apprend aussi à remplacer. C'est une expérience qui échappe à tous ceux qui ont toujours besoin de nourrir leur prière de formules (exercices littéraires souvent discutables). Un langage que souvent ils fuient avec ennui ou avec terreur. La parole n'est qu'un chemin vers le silence, et cela est même vrai des prières liturgiques, même du *Notre Père*. Ce langage d'initiés est cependant une grâce, intermittente, qu'il faut savoir accueillir, dont il faut savoir se passer aussi. Elle abonde dans le désert, où le silence appelle le silence.

> Tout ce qui est te prie,
> et vers toi tout être qui pense ton univers
> fait monter un hymne de silence[9].

Saint Benoît ne disait-il pas que «au lieu de parler en silence, nous devons faire silence en parlant»?

Celui qui a découvert le seul silence extérieur, jusqu'à ne plus pouvoir s'en passer, est encore bien peu avancé, il

---

9. *Ô toi, l'au-delà de tout*, poème liturgique attribué à saint Grégoire de Nazianze (IVᵉ siècle).

est peut-être même en danger. La plus haute cime de l'expérience spirituelle est le silence intérieur, alors que se tait
le petit discours secret qu'on se tient seul à seul avec soi-
même[10].

J'ai vu des déserts pollués dans des pays qui ont accueilli et
béni le déferlement sauvage de l'automobile, plus anar-
chique, s'il se peut, que dans les pays avancés. Or, même
là, on dirait que le Vent, en tassant les sacs de plastique et
autres ordures le long de la route, préservait les interdits
qui protègent la solitude des lieux sacrés.

Si on peut fertiliser le Néguev, peut-être d'autres
déserts, comme celui-ci, ermitage de Dieu, vont-ils rester
réfractaires à l'industrie humaine... Sa roche est si merveilleusement aride que nous avons croisé deux chameaux sauvages. La route, rien d'autre sans doute qu'une
couche d'asphalte jetée sur une des pistes millénaires des
caravanes, n'est qu'un simple ruban, sans à-côtés, parfaitement respectueuse des lieux. Je ne sais si elle est récente,
mais le désert l'a en quelque sorte annexée à son étrange
hospitalité.

Il existe donc encore, hors de l'Occident, et même en
Occident, des terres inviolées, du moins en partie, désormais les plus précieuses, réserves inépuisables de vérité, à

---

10. Anselm GRÜN, *Apprendre à faire silence*, Paris, Desclée de Brouwer, 2001,
p. 41s.

la fois douce et terrible. Il n'y a rien de flou dans le désert, les arêtes des pics rocheux se découpent dans le ciel, et on peut voir leurs ombres tranchées se déplacer lentement et régulièrement à mesure que le soleil décline. La vérité est simple, le mensonge est toujours multiple et compliqué. La vérité est silencieuse, le mensonge est étourdissant. Le désert est l'ultime sécurité au cœur de l'insécurité, le mensonge est affolement dans l'effort de se rassurer.

«Inépuisable» est un mot bien étrange ici, puisqu'il vient du mot «puits». Il n'y a presque pas de puits dans le désert, et beaucoup meurent de soif avant de les avoir trouvés. Du Rocher jaillit pourtant l'eau à Mériba, à tout jamais inépuisable, montant un jour au puits de la Samaritaine, pour redescendre plus tard du Golgotha et retourner dans les déserts pour y abreuver notre marche.

Subitement, je tremble à la pensée que nous ne sommes aujourd'hui qu'à quelques minutes d'Eilat et des stations balnéaires de la mer Rouge. Et je me dis follement que si ces deux mondes pouvaient se mettre à communiquer, si des foules venaient refaire l'expérience des Pères de la Thébaïde, le sens de l'histoire serait inversé et ce serait un commencement de paradis. L'ascèse des Pères du désert nous paraît avec raison démesurée, et pourtant ceux qui, par milliers, hommes et femmes, fuyaient Rome ou Alexandrie et l'Église elle-même prétendaient par cet étrange moyen anticiper les conditions du Paradis.

Ce qui me frappe, en voyant les déserts du Néguev et du Sinaï, du moins à cette époque de l'année, ce n'est pas le sentiment de l'espace, comme dans les déserts de sable, avec leurs dunes brûlantes, son soleil redoutable et ses mirages. Je médite sur la gravité des lieux, en donnant à ce mot son sens physique et premier. La solidité et les masses imposantes de roc, où d'heure en heure le soleil projette la lenteur de ses jeux, me donnent à voir ce que j'avais compris jusqu'ici avec ma tête, d'une façon simplement littéraire, dans la Bible, où Dieu est dit en rapport avec le rocher et la lumière. Comment ne pas penser à l'exclamation de Psichari dans *Le voyage du centurion* : «Le désert est monothéiste!» Inépuisable aussi dans ses reliefs, on dirait que ce désert a été créé pour cela : recevoir Dieu. Ses montagnes d'une hauteur souvent impressionnante n'ont rien de commun avec les Alpes ou les Himâlayas, encore qu'il m'ait semblé apercevoir de la neige sur un des sommets, mais selon Lorraine c'était plutôt le reflet du soleil sur le sable. Elles restent davantage à échelle humaine, accessibles à quiconque veut y mettre le prix. Et pourtant ce désert est grand, il paraît sans limites, comme s'il n'y avait pas d'ailleurs une fois qu'on y est entré. Le silence se fait entendre jusqu'à ses confins, comme les vagues de la mer qui s'éteignent sur des rivages invisibles à ceux qui voguent au milieu du fameux cercle dont le centre est partout et la circonférence nulle part. Inépuisable aussi la Parole de Dieu dans ses variations. Demain, au mont Sinaï, j'entendrai peut-être l'ordre péremptoire : «Enlève tes sandales!» Aujourd'hui, il me semble avoir dans ce désert unique, qu'on dit aride et inhospitalier, la révélation d'un Dieu qui rit, d'un Dieu qui sourit, comme si la paternité divine, source (et non projection) de toute paternité (Ep 3,15), aujourd'hui si injustement malmenée à l'encontre des textes, ne pouvait être autre chose que ce mélange de force et de tendresse, pour ne pas dire d'humour, qui devra de toute nécessité faire partie de notre guérison. Je pense alors à la douceur de Beethoven dans le concerto *Empereur*, qui ne nous trouble à ce point que parce qu'elle est de Beethoven.

> Il va faire de son désert un Éden
> et de sa steppe un jardin de Yahvé ;
> on y trouvera la joie et l'allégresse,
> l'action de grâces et le son de la musique. (Is 51)

13 décembre — Nous voilà parvenus au village de Sainte-Catherine, simple lieu de passage agréable à voir, qui s'étire le long d'un grand bout de chemin. Notre première sensation en sortant de la voiture est déconcertante : il est midi, le ciel est blanc de lumière mais une brise froide nous atteint au visage. Coupe-vent et foulard seront de rigueur jusqu'à la fin. L'hôtel qu'une amie de Jérusalem nous a recommandé est un peu cher mais beau, dans le style du pays. Il faudra chauffer notre petit bungalow sans tarder. Nous sommes les seuls voyageurs, non pas tant à cause de la situation politique que de la basse saison, au cœur de l'hiver. À sept jours du solstice, ce serait plutôt pour nous

comme la fraîcheur de l'automne avancé par un jour de grand soleil. Et nous verrons le Sinaï sans les moustiques, sans les mouches et autres bestioles de la saison chaude, qui ont déjà forcé les moines à quitter leur monastère. Tout l'hôtel est à notre disposition, avec sa magnifique salle à manger, grande, blanche, au plafond élevé, sobrement ornée. Le personnel est simple, affable et bien stylé.

Du lieu où nous sommes, on ne voit pas le massif du Sinaï. Après avoir déposé nos effets, il ne nous reste plus qu'à partir, qu'à explorer, sans programme, sans hâte, car le monastère Sainte-Catherine en ce moment n'est ouvert qu'une heure par jour, à onze heures, et nous avons prévu faire l'ascension de la montagne tôt le lendemain. Entre-temps, nous aurons tout le loisir de nous y préparer.

Nous reprenons la route par où nous sommes venus, jusqu'au carrefour qui marquait le début du village. À gauche, un hôtel cossu, qu'on aperçoit derrière le portail; à droite, la route s'engage en direction de ce qui, de toute évidence, sera la raison d'être de tout ce qui respire en ce lieu. Nous connaîtrons mieux demain la signification de certains sites qui attirent l'attention le long du chemin, grâce au merveilleux petit guide du mont Sinaï que nous avons apporté de Jérusalem (comme si, en y repensant, le sens du Sinaï était donné à Jérusalem).

Le premier de ces sites est une chapelle blanche posée sur une élévation à une courte distance du chemin. Bientôt, après avoir remarqué ici ou là des amoncellements de vieilles pierres ayant dû servir anciennement à des constructions, nous voici sur les lieux du monastère. À l'extérieur de la haute muraille dont il s'entoure, nous pouvons admirer la douceur et la beauté du jardin et des autres dépendances où s'affairent des ouvriers d'entretien. Il y a là aussi un bureau d'accueil, un casse-croûte et un petit magasin d'objets d'art et d'artisanat, le tout d'un goût irréprochable, sans une once de toc. Nous sommes ravis, surtout, de constater qu'on peut y loger dans de petits bungalows pour un prix bien inférieur à celui de notre hôtel. Nous réservons pour le lendemain.

Nous reprenons notre marche, en passant sous la muraille de pierre. Jusqu'ici le chemin présente une faible inclinaison qui, à partir de là, ira en s'accentuant. Le sentier (*Camel Path*) est bien aménagé, juste assez pour permettre à deux personnes de monter et descendre côte à côte en toute sécurité, et sans altérer l'état de la montagne.

Même si nous n'avons pas l'intention d'entreprendre l'ascension, cette première exploration est si agréable que tout naturellement nous continuons de monter sans but précis. Bientôt, sur notre droite, nous apercevons du côté de la falaise de roc que nous longeons une étrange caverne faite d'un monolithe en forme de conque. D'autres l'ont remarquée, car son ouverture est à demi protégée des vents par un muret de pierres. Nous n'avons pas encore accompli notre premier rêve que nous en faisons un autre : venir y camper un jour et y relire le livre de l'Exode à la manière de l'antique *lectio divina*. C'est là que Lorraine a dit : « Un rêve ne vient jamais seul ! »

À mesure qu'on s'élève, la vue est grandiose. Sur les immenses parois ensoleillées qui, en face, dessinent le profil d'une vallée, on soupçonne la présence d'autres sentiers qui mènent à de petits monuments et ermitages blancs sur les sommets, oubliés là par les siècles, ou peut-être encore habités par des solitaires. Nous rêvons de revenir un jour porter notre quête jusque-là. D'ailleurs, notre sentier présente des carrefours ouvrant sur des pistes plus sommaires. Mais on ne voit pas le Sinaï, ni de près ni de loin, car on est dedans. On ne voit jamais le mystère, on voit tout à partir de lui.

Dans le prolongement de la vallée, les montagnes s'écartent et on devine au loin la présence d'une plaine, avec un petit village bédouin entouré d'un mur, et peut-être un petit aéroport. Parfois les pouvoirs publics rencontrent nos intérêts et nos désirs. Aujourd'hui, tout le Sinaï et ses environs constituent un protectorat des Nations Unies, et sévèrement réglementé par l'État en raison de son caractère sacré, de sa valeur historique et pour la protection de la culture des bédouins, sans compter la préservation de l'environnement.

Comme il nous reste des dattes et des amandes, nous pouvons poursuivre la montée. La promenade exploratoire du début nous introduit à la connaissance du mont Sinaï. À part quelques bédouins qui patrouillent le sentier en proposant aux gens de les prendre à dos de chameau, et qui tiennent ici et là des dépôts d'eaux gazeuses et autres friandises, nous sommes pratiquement seuls. Quelques rares voyageurs redescendent du sommet ; notre cœur frémit de voir l'un d'eux faire le Sinaï en moto ! Alors que surgissent des visions de moto-cross sur le lieu des plus hautes expériences spirituelles de l'histoire humaine, que les anciens chrétiens gravissaient pieds nus après s'être confessés, je suis tenté de retourner la sentence évangélique : « Rien n'est impossible à l'homme ! »

Les bédouins Gebeliyya sont ici chez eux et incarnent, en quelque sorte, le génie des lieux. Il me semble qu'il ne peut pas y avoir de bédouins à Eilat. Descendants à la fois des nomades du désert et des esclaves romains qui ont construit le monastère, lequel est depuis toujours confié à leur garde, ils l'ont défendu et entretenu par leur travail, recevant en retour la nourriture et le gîte. Convertis à l'islam, la Montagne sacrée leur est aussi chère qu'aux moines orthodoxes qui habitent encore ce monastère du VIᵉ siècle. Toujours semblables à eux-mêmes, ils ne sont pour ainsi dire d'aucun temps, pleinement accordés avec un environnement qui exprime l'éternel et le permanent, et qui m'incite constamment à repenser le dogme occidental de l'historicité, devenu inséparable du christianisme. Les théologiens orientaux (catholiques ou orthodoxes) ont d'ailleurs une autre conception du temps, qui honore davantage et privilégie d'abord la transcendance de Dieu. C'est ici pourtant, du moins en Orient et principalement en Égypte et au désert du Sinaï, que se sont produits les premiers événements de l'histoire du salut. Ma foi m'a habitué à considérer que l'éternité est mystérieusement enrobée, «incarnée» dans le temps, comme si Dieu avait quitté sa propre demeure pour venir «habiter parmi nous» (Jn 1,14). Mais la Bible est pleine de paradoxes. L'histoire commence par la proclamation inattendue de «Celui qui est» et qui précède tous les temps, tout ce qu'il fait être. Aujourd'hui, la plupart des exégètes refusent d'y voir une définition métaphysique de Dieu mais ne l'excluent pas pour autant. Pour celui qui entre au désert, les termes semblent devoir s'inverser : ce sont les événements historiques qui adviennent sur un fond d'éternité qui les précède et les englobe[11]. Évidemment, ce ne sont qu'anthropomorphismes et façons de parler, mais l'enjeu n'a rien de purement verbal, puisqu'il s'agit de nous situer par rapport à la transcendance de Dieu. La première perspective, qui porte à voir Dieu dans les créatures, plus en accord avec la sensibilité moderne, valorise à ce point le temps, l'histoire, la création, et finalement l'homme, que, suivant jusqu'au bout la pente de la sécularisation, elle débouche périodiquement, et encore récemment, sur une théologie de la mort de Dieu. De ce que le Dieu de la Bible est innommable et échappe aux prises de la raison, on a tiré l'étrange

---

[11]. «Il ne faut pas perdre de vue que le christianisme est intervenu dans l'histoire pour l'abolir ; le plus grand espoir du chrétien est la seconde venue du Christ, qui mettra fin à toute Histoire.» (M. Eliade, *Images et symboles*, p. 227.)

conséquence qu'il est néant. Comme si, pour exister, il devait obligatoirement être une idole[12]!

Le correctif de la seconde perspective, plus «religieuse», qui porte à voir les créatures en Dieu, plus respectueuse de la transcendance, paraît nécessaire à la synthèse spirituelle. Entre Dieu et la créature, entre le Très-Haut et le «très bas», entre l'éternité et le temps, intervient avant leur union, fût-elle mystique, la coupure radicale de l'acte créateur. Certes la religion est ambiguë, mais elle ne l'est pas au désert, qui est monothéiste et exclut tout compromis avec le panthéisme et l'athéisme.

Le désert est donc le lieu de toutes les coïncidences: de l'Infini et du fini, de la plénitude et du vide, de la parole et du silence, de l'éternité et du temps. Rien n'est compréhensible, puisque nous échappe l'origine de toutes choses. Le fini est plus incompréhensible à la pensée que l'Infini. La coïncidence des opposés est la seule façon pour elle de se représenter le mystère de la réalité et de s'y tenir. Mais elle ne supporte pas longtemps cette tension merveilleuse et se rabat constamment sur l'un des opposés, niant tantôt la réalité du fini comme en Orient, tantôt la réalité de l'Infini comme en Occident. Seule la Bible, et le désert où elle est née, ont le pouvoir de maintenir les contraires en présence. Peut-être la seule façon pour la pensée, dépassée, est-elle de passer constamment de l'un à l'autre, et de nourrir en plein mouvement la

---

12. Pierre-Emmanuel DAUZIAT, *Nihilisme chrétien*, Paris, PUF, 2001.

contemplation des opposés, contente de savoir que leur conciliation se fait en dehors de la pensée.

En ce moment, bien que je médite sur les lieux de la révélation du temps et de l'histoire, je suis surtout sensible à ce fond d'éternité où l'histoire advient. Sortir du temps, sortir du temps (pour un temps) et nous rappeler que nous sommes d'une nature éternelle.

En se référant à la sortie d'Égypte, on a écrit à l'occasion du sommet de Québec sur la ZLÉA que «c'est d'abord dans un événement politique que les Hébreux ont fait l'expérience d'un Dieu différent[13]». On peut toujours interpréter politiquement un événement fondateur dont la symbolique est infiniment plus vaste, mais il est indéniable qu'il a eu des antécédents, à partir de l'histoire d'Abraham. Surtout, par la suite, les quarante ans du peuple hébreu au désert interrompent et suspendent justement la réalisation de la promesse pour une expérience spirituelle et «religieuse» de purification et de maturation qui durera l'espace d'une génération, avant la conquête de la Terre promise. C'est là que, pour ainsi dire sorti du temps pour un temps, il reçoit la connaissance du Dieu unique : «Écoute, Israël, Yahvé notre Dieu est le seul Yahvé[14].» Si le projet qui va de l'Exode à la conquête de Canaan n'était qu'un projet politique, Jésus ne serait pas mort pour avoir répudié tout messianisme politique.

---

13. Groupe de théologie contextuelle québécois, *Le Devoir*, 15 avril 2001.
14. Dt 6,4. C'est par ce verset que commence le *shema*, la prière juive par excellence.

La spiritualité hindoue propose à ses adeptes un cheminement divisé en stades de vie, qui inclut à l'âge mûr un séjour en forêt à titre d'«ermite forestier» (en fonction toutefois d'un idéal de vie bien spécifique). Rien n'est plus opposé à la façon dont le christianisme moderne se pense lui-même, ce qui est assez paradoxal quand on considère la place du désert dans les deux Testaments. Étant donné son importance séculaire dans la conduite du monde, et le fait qu'il demeure malgré son affaiblissement un acteur incontournable, je me demande ce qu'il adviendrait du christianisme et du monde si chaque fidèle était appelé à effectuer au désert un séjour quelque peu prolongé en compagnie d'un guide spirituel — ce qui aurait de surcroît l'avantage de reformuler la vocation des professionnels du sacré.

Quoi qu'il en soit, j'incline à penser en ce moment que si les journalistes et les patrons des médias passaient par cette expérience, ces faiseurs de mondes nous façonneraient un monde différent. Il est permis de rêver! Mais rien n'est moins sûr. Si j'étais tout puissant, je me garderais de leur imposer pareille chose, de peur que, dans leur enthousiasme, ils ne suppriment le désert. Il suffira d'y acclimater les ordinateurs et les téléphones portables. Il en va du désert, immense théophanie, comme de Dieu lui-même, infiniment puissant, infiniment vulnérable. «Ah! Si tu déchirais les cieux et si tu descendais [pour confondre tes ennemis]!» Cette invocation du prophète (Is 63) ne sera jamais exaucée ici-bas.

On peut passer au désert sans le voir. Dans une émission de télévision sur le thème du désert, une journaliste n'en finissait plus de décrire les beautés qu'elle y avait *vues*. Après que les autres participants (dont l'un avait grandi au désert) eurent évoqué leur *expérience* du désert, elle a fait état de certains sentiments plus intérieurs et ajouté : « C'est peut-être ça qu'ils appellent "le spirituel" ! »

Au bout de quelques heures, nous voudrions bien poursuivre l'ascension mais, n'ayant pas apporté nos sacs de couchage, nous ne pourrions dormir sur le sommet du Sinaï tel que prévu. Comme le soleil baisse, il nous faut redescendre et remettre ce projet au lendemain, suivant notre plan primitif.

Je croyais dans ma naïveté que le désert était inhabité, mais on y trouve beaucoup d'oiseaux et, en redescendant, nous avons même croisé un chat. Petits animaux de silence, ils sont chez eux. On y voit aussi une végétation rudimentaire. Mais nous n'avons rencontré aucun des lions et autres grands fauves qui venaient se faire évangéliser aux pieds des Pères du désert !

En redescendant, nous repassons devant l'enceinte du monastère, dont les fanaux sont allumés à chaque extrémité. Parvenus dans la plaine, non loin du village, il fait nuit.

Sans trop y prendre garde, nous sommes engagés sur une route asphaltée déserte, parallèle à celle qui traverse le village. Soudain, les réverbères s'éteignent et l'obscurité est si profonde que, cheminant de chaque côté de la route, nous ne pouvons plus nous voir. Lorraine, dont le sens de l'orientation est très sûr, est convaincue que la route conduit à l'arrière du village. Je me sens moins rassuré et il devient difficile de voir la route. Chose bizarre, bien que les constellations me soient assez familières, je n'arrive pas à repérer la Grande Ourse. Après un moment d'hésitation, nous revenons sur nos pas pour aller reprendre le chemin connu et éclairé.

Je me dis souvent que, si notre nuit est réelle, il est normal qu'elle ne semble pas déboucher, et que la présence d'un guide qui l'a déjà pratiquée est souhaitable.

J'ai le pressentiment que le désert est comme la mer, avec ses humeurs.

14 décembre — Le lendemain matin, au réveil, tout est changé! Le ciel est couvert, le temps est devenu maussade, les arêtes des sommets, effleurés par les brumes, ont perdu leur netteté, la température a baissé, la brise est beaucoup plus sensible. Lorraine est affectée d'un dérangement intestinal, qui semble bénin.

Nous acquittons la note de l'hôtel en espèces, avec le résultat que nos réserves d'argent liquide y passent au complet! Heureusement, il y a une petite banque à l'extrémité du village. Faut-il en rire? Faut-il applaudir cette merveille de sous-développement, cette résistance du désert aux idoles ? La banque voudrait bien nous accommoder, mais rien à faire : «*The machine is broken !*» Misère des riches ! Nous pourrions toutefois régler le problème en nous rendant à un autre village, à quelques heures de voiture.

Pour l'instant, il faut nous dépêcher pour aller visiter le monastère. En principe, il est ouvert quotidiennement de onze heures à midi, mais on est en Orient, les heures de visite peuvent varier. À notre arrivée, le monastère est déjà ouvert. Les lieux accessibles aux visiteurs sont en grande partie des passages étroits où se bousculent des groupes animés en diverses langues étrangères incompréhensibles pour nous. Le dos encombré de bagages, il nous est difficile d'y circuler. Comme toutes les églises byzantines en général, la basilique du monastère est somptueuse mais obscure, et pour apprécier les témoins de l'art sacré déposés là par tant de siècles, il faudrait y méditer à loisir et dans la tranquillité pendant un temps prolongé. Nous nous proposons de revenir le lendemain.

C'est là, avant de partir, que nous apercevons près de la sortie, en plein air, sans nous y attendre le moindrement, n'ayant pas préparé cette visite, une des choses les plus stupéfiantes du monde : le *Buisson ardent* ! J'ai honte d'avouer avoir lu les Écritures d'une façon aussi distraite, croyant que la première révélation de Dieu à Moïse avait eu lieu au sommet du Sinaï, alors que c'est ici, au bas de la montagne, que *Celui qui est* a révélé son nom. L'étrange arbuste, en partie desséché, semble s'enfoncer dans une base de pierres taillées de couleur rougeâtre, haute de quatre à cinq mètres. Au sommet de la base, une sorte de rampe de bois semble le contenir, soutenue par de courtes colonnes de briques, dont l'une porte un écriteau rédigé en arabe. À la hauteur du buisson lui-même, le mur de crépi délabré laisse paraître la charpente interne. Comment y croire ? Le plus troublant est que, selon les botanistes, on ne connaît pas d'autre individu de cette espèce, et qu'il est impossible de le reproduire. Celui-ci est un rejeton dont la souche s'étend sous le sol de la chapelle qui lui est consacrée derrière l'autel, rarement accessible, sur le site présumé de l'apparition.

Aurions-nous abandonné Dieu dans un coin ? Ou Dieu lui-même se serait-il retiré des lieux sacrés où il a voulu se révéler ? Certes, on peut dire que tout est sacré, car Dieu irradie toute la création de sa présence. Mais on peut dire aussi qu'aucun objet particulier n'est sacré ici-bas. De nos jours, on vend des ostensoirs et autres vases sacrés chez les antiquaires, et personne ne trouve à y redire. Aucun lieu, aucune chose ne peut se refermer sur Dieu. Il arrive que l'on dise aujourd'hui que seul l'homme est sacré, mais la formule est ambiguë.

Une fois installés dans notre petit bungalow, nous hésitons entre deux conduites : aller changer de l'argent au village suivant, et profiter du reste de cette journée maussade pour récupérer, ou bien reprendre comme prévu la montée du Sinaï. Nous optons pour ce dernier parti, sans rien changer à nos plans, car nous avons fait aussi le projet, pour les jours suivants, d'aller camper au moins un jour et une nuit dans le désert avec les bédouins, près de la mer Rouge.

Il y a quelques voyageurs à l'auberge du monastère, mais le magasin est fermé. Après avoir pris une bouchée au casse-croûte, nous reprenons l'ascension dans un climat bien différent — extérieur et intérieur. La magie du désert a disparu, comme un Noël d'autrefois. Serait-ce que j'aurais inventé le désert ? De tout temps, on l'a dit redoutable, et surtout ambigu, tantôt lieu des fiançailles de Dieu avec son peuple, avec sa créature, tantôt arène de combat à la rencontre de l'Ennemi.

« Va de ton homme extérieur dans l'intérieur. » (Jacob Böhme). Pour les écrivains mystiques, ce passage relève de l'initiation, « initiation à la montagne », il est symbolisé par l'ascension de Moïse au Sinaï et, à cause de la purification requise, il ne conviendrait pas à tous[15]. Mais il n'est interdit à personne d'en rêver et d'essayer…

Vision du vide

Le sommet du Sinaï est accessible de deux façons : par le sentier dit des Chameaux emprunté la première fois, ou par un escalier direct de trois mille sept cent cinquante marches de pierre, dit du Repentir ; certaines marches présentent parfois deux ou trois fois la hauteur normale.

---

15. Marie-Madeleine DAVY, *La montagne et sa symbolique*, Paris, Albin Michel, 1996, p. 41.

Moïse lui-même serait monté par cette pente abrupte. Humblement, nous reprenons le sentier des Chameaux!

En voyageurs consciencieux, munis du petit guide du Sinaï, qu'on ne peut conserver à découvert à cause du froid et de la bruine, nous tenons à reconnaître les montagnes et les vallées, les vestiges de différentes époques en relation avec la construction du monastère, et surtout les petites églises, chapelles ou mosquées, points minuscules à peine visibles sur les sommets.

Au milieu de la montée, à peu près devant nous, avant d'obliquer vers la droite en direction du sommet, surgit une petite montagne qui porte en arabe le nom d'«Appel de Dieu». C'est là qu'aurait vécu Jéthro; c'est là que Moïse se serait réfugié après le meurtre d'un Égyptien, épousant une de ses filles; c'est de là qu'il serait parti quand il se trouva au pied du mont Sinaï devant le Buisson ardent. Ce qu'il y a de fascinant dans la religion judéo-chrétienne, c'est cette coïncidence non analysable du mythe et de l'histoire, à tel point que le mythe, comme expression de l'histoire, y prend un sens nouveau et inédit, transcendant son acception dans les autres religions. L'esprit demeure interdit, comme frappé de stupeur dans sa rêverie.

Dépassant le point d'où nous sommes partis pour redescendre hier, le sentier tourne brusquement devant un petit poste de secours qui abrite un banc de pierre recouvert d'un matelas et un téléphone. Au bout d'une heure, le sentier avance à l'horizontale à flanc de montagne, et longe à notre gauche une haute falaise escarpée, avec des traces de dynamitage. Ce ne peut être que la base du sommet, invisible de si près. Je me prends à penser que Dieu est toujours inaccessible et invisible : à distance, on est comme séparé, on contemple une image ; à proximité, on est privé de recul et c'est sans le savoir qu'on est touché par sa présence.

Nous nous croyons toujours sur le point d'arriver, mais les rares voyageurs qui redescendent nous disent toujours que la suite se compte en heures. Le bas de la montagne est à demi voilé par la brume. Nous arrivons au bout du sentier, mais ce n'est pas encore le sommet : le sentier rejoint la dernière partie de l'escalier du Repentir, une montée de sept cent cinquante marches, unique voie d'accès désormais vers le sommet. Certaines ne sont que de petites pentes rocheuses ; d'autres, d'une hauteur souvent démesurée, doivent être conquises une à une. À notre surprise, elles sont en partie couvertes d'une mince couche de neige fondante qui les rend glissantes.

L'étroit sommet de ce pic désolé ne mesure que quelques mètres. On l'atteint en quelques enjambées à travers le roc et le gravier, après avoir dépassé un dernier dépôt de boissons et friandises, où nous profitons nous-mêmes d'une halte à l'abri du froid, en compagnie d'un des derniers voyageurs qui redescend.

Heureusement, il n'y a rien de commun ici avec l'orgie de temples religieux sur les lieux saints de Jérusalem. Le site est à peu près intact. On y voit tout de même une petite église de pierre mais, en raison de son exiguïté, il serait plus approprié de parler d'une chapelle. D'ailleurs, ce fut d'abord au IVe siècle une petite chapelle, que Justinien remplaça au VIe par une autre, plus vaste, en forme de basilique. Celle d'aujourd'hui, d'allure ancienne, en blocs de granit rose réemployés, date de 1934. On y a intégré l'autel de la précédente, sur le lieu présumé de la réception des tables de la Loi. Elle est dédiée à la Sainte Trinité, figure explicite pour les chrétiens du Dieu du Sinaï. On y trouve aussi une petite mosquée, mais les deux temples sont fermés aux visiteurs. En nous hissant au niveau d'une fenêtre, nous avons l'impression que la chapelle est désaffectée, son mobilier, y compris l'autel, ayant été rangé. À l'extérieur, protégée par une grille à demi rouillée, on peut voir la crevasse d'où Moïse aurait contemplé de dos la «gloire du Seigneur», et on croit y apercevoir encore les marques imprimées par son corps, alors qu'il reculait, envahi par l'effroi sacré, il y a plus de trois mille ans. On peut voir, un peu à l'écart, des blocs de granit de l'ancienne construction, ainsi qu'une citerne et une conduite d'eau. — Moïse a-t-il vraiment passé quarante jours et quarante nuits dans un endroit pareil?

Il ne nous reste plus qu'à partir.

Avec la neige, les marches sont plus difficiles encore à descendre qu'à monter. Lorraine a peur. J'aurais dû la précéder, mais je descends par derrière, les mains dans les poches de mon coupe-vent. Nous sommes bientôt dépassés par un Norvégien qui s'identifie comme un guide de montagne et me fait remarquer que je suis bien imprudent, ce qui est évident.

À l'endroit où on quitte l'escalier pour reprendre le sentier qui nous a amenés, on découvre avec ravissement, en contrebas, ce qu'il y a de plus beau dans ce lieu: une véritable oasis, le puits d'Élie, où le prophète se serait réfugié pour échapper à la colère de Jézabel après avoir tué les prophètes de Baal. L'eau verte de l'énorme puits alimenté par les neiges, entouré de plusieurs cyprès et d'un olivier, visité par les oiseaux du désert, contraste avec l'austérité de la montagne. De petits sanctuaires, qu'on distingue mal à cette distance, commémorent ces événements bibliques et l'émouvante manifestation divine qui y fit suite. Certains situent plutôt à cet endroit le «creux du rocher» ou la grotte où Moïse aurait vu de dos la «gloire du Seigneur». C'est dans ce lieu que durant la belle saison on conseille aux campeurs de passer la nuit, afin de préserver la propreté du sommet. Le puits d'Élie est la seule présence ici qui nous touche, mais c'est une présence humaine; Élie est de notre côté, il reste une créature, et le site a été embelli de main d'homme.

Comme le chemin qui y mène est assez long, la visite représente une petite excursion supplémentaire dont nous faisons le sacrifice. Pour nous, c'est un peu comme la Terre promise que Moïse a pu contempler du mont Nebo, en revenant du Sinaï, sans pouvoir y entrer.

Le panorama si singulier qui, du haut de ce sommet situé à deux mille trois cents mètres, s'étend parfois jusqu'aux golfes de Suez et d'Aqaba, par-delà les vagues de montagnes aux couleurs surprenantes, sera pour une autre fois.

La sainte Montagne serait-elle un piège, une divine attrape ?

On ignore si cette montagne, qui porte sur les cartes locales le nom de mont Moïse (Gebel Mousa), est bien l'Horeb de la Bible. Cette tradition remonte au IIIe siècle, acceptée par sainte Hélène, mère de Constantin, qui fit construire une petite chapelle sur le site considéré comme celui du Buisson ardent, remplacée plus tard par le monastère. D'autres traditions penchent en faveur du mont Catherine, non loin de là, ou du mont Serbal, à une trentaine de kilomètres, ou de toute autre montagne avoisinante. Plusieurs autres itinéraires, au centre et à l'extrême nord de la péninsule, seraient aussi compatibles avec le récit biblique de l'Exode, qui amalgame deux sources différentes. Pour les historiens modernes, la sainte montagne ne serait même pas dans le désert du Sinaï mais plutôt dans une région volcanique, à l'est du bras de mer d'Aqaba, dans l'actuel désert d'Arabie. Les Juifs demeurent partagés et réticents à identifier l'Horeb avec un lieu terrestre. Est-ce pour cette raison qu'il n'y a pas de synagogue au Sinaï, alors que ce lieu est d'abord le berceau de la foi juive ? Souvent, le vraisemblable est plus «réel» que l'historique, et cela vaut aussi pour beaucoup de récits de l'Évangile.

L'ascension du Sinaï nous mène au sommet du Vide. Un vide qui n'a rien de ce «numineux» qu'on pressent au bas dans la plaine. Ce n'est pas non plus le vide que poursuit et atteint parfois le moine bouddhiste dans son aventure intérieure. C'est un site pittoresque, comme toutes les hautes cimes quand il fait beau, avec ses particularités rocheuses et végétales. Un vide pur et simple, vide de sacré, qui n'a rien de commun avec le cri de Jacob, à quelques kilomètres de là : «Vraiment c'est ici la demeure de Dieu et je ne le savais pas!» Un vide véritable, physique : un site. Du moins c'est ainsi qu'il nous est apparu dans la brume de ce jour de décembre de l'an 2000. Je n'ignore pas, d'ailleurs, que deux pèlerins peuvent gravir la montagne côte à côte sans que ce soit la même montagne. À chacun son Sinaï, qui différera même d'un jour à l'autre.

La montagne aura toujours deux visages. Elle peut être magnifique, ensoleillée et chaude, ou impitoyable, inexorable. Elle devient froid, neige, vent et fatigue. Elle est gratification et déception, consolation et désolation, et ce n'est que dans cette alternance que l'homme a le sentiment qu'elle le dépasse et qu'il éprouve le goût de s'extasier devant elle, sacrement d'une transcendance absolue.

Désolation

Hier, il n'y a pas de doute que j'étais sous l'emprise de ce que saint Ignace a si bien décrit sous le nom de consolation spirituelle. Si elle revient, je saurai la reconnaître.

Me voici pris à mon propre piège. Je connais la voie du vide, je la prêche, je la répands. Je sais qu'il faut renoncer à *mon* idée de Dieu, à toutes les idées de Dieu, autant d'idoles qui se succèdent les unes aux autres, et même à ma non-idée de Dieu, car DIEU EST AU-DELÀ DE DIEU [16]. «Vraiment tu es un Dieu caché.»

— Alors, qu'avez-vous vu?
— Rien! Nous avons vu le Rien.

Le sommet de l'Horeb n'est pas la Terre promise. La Terre promise n'est pas le Ciel. La Jérusalem terrestre n'est pas la Jérusalem céleste. On ne monte au sommet de la montagne que pour en redescendre et se remettre en marche, pour un dépassement continuel, en plein désert, sustenté par le pain et l'eau donnés d'en haut, ainsi que par le sang de l'Agneau. Le peuple hébreu lui-même n'est pas monté sur la montagne, seul Moïse y est monté, et non pas pour y rester. Dieu lui a dit: «Descends, va vers mon peuple.»

Je dis parfois, en parlant de l'expérience de Dieu, qu'il se donne et ne se donne pas, qu'il se reprend. En vérité, il se donne toujours. Il nous donne de le chercher, puisque trouver Dieu n'est jamais autre chose ici-bas que le chercher, s'il est vrai que Dieu est toujours au-delà de Dieu.

Je l'ai cherché, mais ne l'ai point trouvé
J'ai crié vers lui, mais il n'a pas répondu. (Ct 5,6)

---

16. Souvenir de lecture inconscient sans doute, je retrouve après coup cette formule dans l'œuvre du théologien Paul Tillich.

Tant que nous approchons de Dieu, il fait sentir sa présence par la consolation intérieure. Mais lorsque nous croyons y arriver et le toucher, la désolation redit : «Ne me touche pas!»

Nous redescendons du Sinaï presque en silence. Le sentier paraît plus a pic à la descente et plus fatigant. Nous marchons parfois à une certaine distance l'un de l'autre. La soirée se passe à lire dans le bungalow.

«N'approche pas d'ici, retire tes sandales de tes pieds car le lieu où tu te tiens est une terre sainte.» (Ex 3,5)

Je prends conscience que, enchanté par la beauté du désert, j'ai gravi la montagne sacrée sans enlever mes sandales, car je suis venu avec un imaginaire *religieux* dilaté. Jadis, un de mes amis s'était mis à peindre et avait produit une œuvre saisissante : tout le tableau était couvert d'une flamme dévorante, sur laquelle se détachait en contrejour, tout au bas dans le coin droit, un petit bonhomme minuscule, les bras en croix : Moïse devant le Buisson ardent! J'avais tant rêvé du Sinaï, avant et après avoir contemplé ce tableau. Même l'amour ne peut s'emparer de la demeure de Dieu et de Dieu lui-même. Trop pressé, il risque d'ailleurs de n'être qu'amour du repos, éternel. On est le plus souvent religieux avant d'être croyant, mais le passage de l'un à l'autre est un chemin balisé par un incessant discernement spirituel, une grâce toujours offerte, mais qu'il nous est difficile de recevoir et d'accepter d'emblée. On s'attarde dans ce passage jamais accompli, travaillé sans répit mais sans violence par la pédagogie divine, qui nous pousse au désert et à la nuit, lieux obligés du dépouillement.

Quand on perd la vision de Dieu, c'est la parole humaine qui fraternellement nous réconforte : « Tout chemin menant au ciel est le ciel » (sainte Catherine de Sienne).

15 décembre — Au lever, tout est changé de nouveau. Le désert nous est rendu dans tout son éclat, comme si le jour d'hier n'avait pas existé. Il n'y a pas eu un changement de saison mais un caprice passager. N'aurait-il pas été plus sage d'attendre une journée ? Mes pensées, toutefois, ne sont plus exactement les mêmes.

Saint Jean de la Croix nous apprend, à propos de la nuit des sens, que la persistance du désir de Dieu est un des signes que nous sommes dans l'épreuve et non dans un état de torpeur coupable. Mais où trouver Dieu, qui n'est plus au sommet du Sinaï, où il a révélé son nom[17] ? On a toujours considéré que cette révélation inclut celle de la transcendance absolue de Dieu. Le nom, ou plutôt le non-nom, du Dieu du Sinaï n'est pas un nom qui se referme sur les choses ou les personnes, comme ceux que nous

---

17. Ex 3,13-15, sommet de l'Ancien Testament.

employons, pour les contenir et les rendre maniables, pour
en faciliter une certaine possession sous le couvert des
mots, qui sont des monnaies d'échange. Quand je dis
Louise ou *Bernard*, je résume un être avec son histoire et
ses projets, telle est la condition de la pensée et du langage
qui la rend possible. Mais quand je me mets devant le
tétragramme sacré, YHWH, quatre consonnes sans
voyelles, et donc imprononçable, c'est un nom à nul autre
pareil, qui nous réduit au silence. Un rabbin en fait une
autre lecture : du fait de son indétermination, c'est un nom
qui demeure ouvert et permet à l'imagination d'imaginer
une infinité de représentations différentes, toutes également vraies, qui restent en deçà de Celui qui s'est révélé
sans se donner à posséder[18]. Dieu se reflète différemment
en chacun de nous. Nos théologies elles-mêmes, on peut
et on doit le dire, sans verser dans le relativisme, s'y épuisent et changent constamment leur représentation de
Dieu. Peut-être notre société s'est-elle laïcisée à outrance
parce que Dieu ne fait plus rêver[19]. Notre nostalgie n'a
plus de répondant. L'homme ne vit pas que de pain. La
pensée est stérile sans l'imagination, Einstein en était
convaincu. D'autres aussi l'ont pressenti dans une certaine

---

18. Marc-Alain Ouaknin, dans Bottéro, Ouaknin et Moingt, *La plus belle
histoire de Dieu. Qui est le Dieu de la Bible*, Paris, Seuil, 1997, p. 68.

19. « Il y a un désenchantement à l'égard de ce Dieu trop connu que serait
devenu le Dieu du christianisme ; un Dieu trop connu parce qu'il réveille un certain nombre d'images familières et de fantasmes, et que cela ne répond pas à
l'aspiration vers un tout-Autre. » (Claude Geffré, *Profession théologien. quelle pensée
chrétienne pour le XXᵉ siècle ?*, Paris, Albin Michel 1999, p. 219.)

confusion («L'imagination au pouvoir!»). De toute façon, l'imagination fait partie du cœur.

~

Par un grave malentendu, les chrétiens actuels, en réaction contre un certain passé et réconciliés avec la sécularisation, se méfient de la transcendance de Dieu, confondue avec une forme de déisme. Comme s'il y avait à choisir entre un Dieu infiniment lointain, inaccessible et indifférent aux affaires humaines, et un Dieu proche, tout entier au service des entreprises de l'homme. D'autre part, dans le sillage des anciens gnostiques, certains vont jusqu'à opposer aujourd'hui le Dieu de l'Ancien Testament, le Dieu du Sinaï, autoritaire et sévère, entouré de feu, de tonnerre et de nuée, et le Dieu de l'Évangile. Sans que cela soit thématisé, la tendance est de séparer le second commandement du premier, l'amour du prochain de l'amour de Dieu qui le fonde. Ce n'était pas suffisant que Dieu vienne en personne dans notre monde et notre chair, nous exigeons qu'il y soit absorbé, résorbé, noyé.

Cette pensée dichotomique met donc en péril l'existence même de Dieu et la divinité du Christ. De tout temps, la méconnaissance de la transcendance divine dans la spiritualité individuelle l'oriente vers une piété sentimentale et égocentrique, peu portée à l'adoration, ou plus souvent encore vers une religion purement politique.

« Dieu s'est fait homme pour que l'homme devînt Dieu. » (saint Athanase, IVᵉ siècle)

La discussion théorique que poursuivent philosophes et théologiens sur l'articulation entre la transcendance et l'immanence ne sera jamais superflue. Mais la raison, finie, est vite dépassée, ne pouvant parler adéquatement de l'Infini. Dieu lui-même a pris soin de nous dire l'essentiel. Il a multiplié les anthropomorphismes pour que nous sachions que l'Infini n'est pas impersonnel mais intensément, paradoxalement, personnel. Rien de commun ici avec les savantes explications de la *Baghavad-Gîtâ*.

Ce qui échappe à la pensée se révèle à l'expérience intérieure, selon le témoignage des mystiques, qui n'est pas une doctrine ésotérique mais s'adresse à tous [20]. Or c'est un secret d'initiés. C'est là, dans l'expérience intérieure, que se réalise la coïncidence des opposés : on peut véritablement vivre une relation intime avec l'Infini sans visage, le sentir plus proche encore qu'une personne humaine, « Dieu sensible au cœur » (Pascal), avec qui on entretient ce que le langage amoureux d'aujourd'hui appelle « complicité ». Dieu est à la fois le Tout Autre, au-delà des pensées, des images et des mots, et véritablement un Tu. Les anthropomorphismes, symboles et comparaisons, sont plus utiles pour parler de Dieu que pour parler à Dieu. Quand on jouit de la

---

20. L'ouvrage le plus lu aujourd'hui sur ce sujet est sans doute celui du mystique anglais anonyme du XIVᵉ siècle, *Le nuage d'inconnaissance*, Paris, Seuil, 1977. Toutes les personnes encore peu initiées à qui j'en ai proposé la lecture en ont été ravies.

lumière du soleil, qui change tout, on n'a pas besoin de savoir à quelle distance est le soleil et on ne peut même pas le regarder en face. Malgré tout, il suffit que sa lumière se voile pour un temps prolongé, ou que la durée du jour diminue, pour qu'augmentent les dépressions, voire les suicides. Le symbole de la lumière est un des plus fréquents dans la Bible. Imaginons alors un monde baigné de lumière dont le soleil serait invisible. Imaginons une vie baignée de lumière dont le soleil serait invisible. Le regard resterait tourné amoureusement, silencieusement, vers cette source invisible de lumière. Mais il y aura place encore, ici-bas, pour des éclipses et des intermèdes de nuit.

Si Dieu est au-delà de Dieu, tout ce qui vient de lui est au-delà de lui-même. L'homme est au-delà de l'homme. Le Christ est au-delà du Christ. Le christianisme est au-delà du christianisme. L'Église est au-delà de l'Église. On ne peut atteindre que dans le relatif Celui qui échappe au relatif. D'où le danger d'absolutiser le relatif. L'Église et l'Écriture elle-même ne sont que chemins vers Dieu. Par contre, il y a beaucoup moins danger d'absolutiser le désert.

L'homme. La recherche du Tout Autre nous fait réaliser que nous sommes à la recherche de nous-mêmes, car l'homme ne se connaît que dans le miroir de Dieu, et nous ne connaissons pas Dieu, qui d'ailleurs change tout le temps… Dépasser mon idée de Dieu, n'est-ce pas dépasser mon idée de moi-même et de l'homme ? Pour Thérèse d'Avila, « Nous n'arriverons jamais à nous connaître nous-mêmes, si nous ne cherchons à connaître Dieu. »

Le Christ. Si le Christ non seulement vient de Dieu mais est Dieu, sa Parole nous atteint elle aussi à partir du nuage d'inconnaissance. Nous n'avons aucune idée de son aspect physique, ce qui en dit long sur la théologie de ses premiers disciples. « Et vous, qui dites-vous que je suis ? » L'interrogation resurgit en permanence. Peut-être est-ce aujourd'hui le principal signe de sa divinité. Ceux qui, comme Hérode jadis, le cherchent pour le faire mourir, n'arrivent pas à le trouver.

Ce qu'il y a de plus troublant pour les chrétiens actuels, c'est d'avoir à repenser l'idée même du Christ sous le choc des événements, dont la rencontre des religions.

Le christianisme. À première vue, le christianisme est plus vulnérable que Dieu et le Christ. Terrestre tout entier, on peut le tenir dans sa mire, on peut même le laisser se décomposer de lui-même. Est-ce pour hâter sa disparition qu'on l'attaque sans même qu'il se défende, ou parce qu'on le craint encore ? Souhaitons qu'il soit craint pour les bonnes raisons, non parce qu'il opprime les libertés mais parce qu'il les dresse et les désaliène.

Il n'y a pas de doute que l'Occident est témoin du déclin, et peut-être de la disparition, d'un certain christianisme — lequel ? Y a-t-il un après ? S'agit-il d'une purification radicale ? Purification de ses aspects encore trop religieux ? Ou d'une métamorphose dont aucune institution, pas même l'État et la nation, ne peut faire l'économie alors que la planète globalisée se recompose? Je crois que nous ne connaissons guère mieux l'essence du christianisme que celle de Dieu, dont il faut constamment changer notre représentation. Quand il est fidèle à son essence inconnue comme à son Dieu, le christianisme est ouverture infinie, et c'est là ce qui autorise l'espérance.

Nous changeons plus rapidement notre représentation de Dieu que notre représentation du christianisme, à cause de l'inertie des choses terrestres. Au Dieu volontairement impuissant et vulnérable que nous découvrons après Auschwitz, au Dieu qui fait luire son soleil sur toutes les religions du monde, doit correspondre un Dieu différent dont la figure nous échappe encore. Pour l'heure, le peuple de Dieu marche au désert, mais le désert fut pour les Hébreux le lieu d'un *passage* et non d'une installation. Peut-être que, moins visible, comme le sel de la terre, le levain dans la pâte, l'eau du Rocher, le christianisme de demain permettra davantage à Dieu d'être «tout en tous».

La vocation du chrétien actuel, comme de l'Église elle-même, est de tenir dans un inconfortable entre-deux, à la fois mouvant et stationnaire comme le fleuve d'Héraclite, sans les sandales de la religion, dans la foi nue. Pétri de «choses anciennes et de choses neuves», le christianisme sera toujours au-delà de lui-même. La loi du christianisme, assumer et dépasser, s'applique aussi à lui. Assumer sans dépasser est la tentation des esprits de droite. Dépasser sans assumer est la tentation des esprits de gauche.

L'Église. «Je ne crois plus qu'en l'Église invisible.» En lisant ces mots chez un auteur spirituel que j'admire et que j'aime, je les comprends mais je ne peux que m'attrister.

Le visible et l'invisible ne sont pas séparables, bien qu'ils relèvent d'un regard différent. Lorsque j'enseignais les lettres autrefois, j'étais embarrassé pour faire comprendre la poésie moderne à de jeunes esprits de quinze ans. Plutôt que de simplifier à outrance, je préférais leur dicter des formules obscures qu'ils comprendraient plus tard. Ainsi, en abordant le mouvement symboliste, je définissais le symbole comme «l'extrémité visible du monde invisible». C'est l'idée que je me fais aussi de l'Église. On n'accède à l'invisible que par le visible, et cela est vrai aussi de la double Église.

Ambiguïté du visible, qui en même temps oriente vers l'invisible et le cache. Cela vaut même de l'humanité du Christ.

«Rien ne laisse entrevoir dans la physiologie, la psychologie ou la "culture" de Jésus, le Dieu Père lui-même; Jésus mange, digère, souffre de la soif ou de la chaleur comme tout autre Juif de Palestine. Mais en réalité, cet "événement historique" qui constitue l'existence de Jésus est une théophanie totale[21].» Ceux qui n'ont connu le Christ que «selon la chair», pour reprendre les mots de saint Paul, se sont exclus de la véritable connaissance. Il en va de même pour le corps du Christ qu'est l'Église, sauf que sa réalité invisible l'emporte davantage aujourd'hui sur sa réalité visible, même pour la pensée, qui vacille. Il faut plus de foi et de théologie pour l'apercevoir que de sociologie et d'histoire. Lorsque j'écrivais, dans l'introduction, que l'initiation spirituelle est initiation à l'Église, je n'ignorais pas que le défi est considérable et que le nombre des initiés (pour autant qu'on puisse en juger extérieurement) risque de demeurer restreint, du moins en Occident. Il n'a jamais été facile d'aimer l'Église : ni autrefois, parce que la crainte l'emportait ; ni aujourd'hui, parce qu'elle ne s'impose plus ! Je ne sais comment je la jugerais du dehors ; de l'intérieur, il m'est plus facile d'y trouver l'Esprit, maintenant qu'elle perd de sa puissance !

Nous avons presque terminé notre visite. Nous repartirons aujourd'hui, et il nous sera peut-être possible, sur la côte, de retourner camper un jour et une nuit dans le désert.

Nous avons cependant des choses à revoir, au pied de la montagne cette fois. Et d'abord la petite chapelle chrétienne d'où part le sentier des Chameaux. Tout à côté, sur la même colline, se trouve un petit sanctuaire musulman. L'un et l'autre (fermés) sont dédiés au prophète Aaron, dont la montagne, en fond de décor, porte le nom. C'est là, au pied du mont Aaron, que les Hébreux auraient fabriqué et adoré le veau d'or, alors que Moïse tardait à redescendre du Sinaï. De l'autre côté, en direction du village, surgit une vaste plaine, El-Raha, où campait le peuple de

---

21. M. Eliade, *Images et symboles*, p. 221.

Dieu. Les lieux ont-ils changé en trois mille cinq cents ans ? On trouve dans la petite boutique de livres et souvenirs, sur le chemin du monastère, une carte postale où figure une reconstitution de l'ancienne plaine, qui semble différer un peu de l'aspect actuel des choses.

Au début de la montée, notre petit guide écrit attire notre attention sur un étrange objet, à quelque deux cent cinquante mètres du chemin : une pierre présentant grossièrement la forme d'un veau, que les bédouins appellent la Vache, et qui aurait servi de moule à la fabrication du veau d'or.

Les vestiges de Dieu

Suis-je vraiment sur les lieux des événements fabuleux qui sont à la source de notre foi ? Que ce soit ici ou ailleurs, peu importe, ces lieux ont existé et, pour l'imagination, c'est ici. Y a-t-il un meilleur endroit pour les méditer ? Et d'abord, avons-nous besoin d'un endroit pour les méditer ?

À l'évidence, nous sommes ici sur les lieux d'une Absence. Et pourtant, ne suis-je pas ici attiré par une mystérieuse présence qui habite encore ce désert ?

On peut repérer les lieux et les temps de l'entrée de Dieu dans l'histoire, mais que devons-nous en faire ? Chose curieuse, l'Église a sacralisé différemment les temps et les lieux de l'histoire du salut. Pour ce qui est des temps, elle a sacralisé dans sa mémoire ceux de l'Ancien Testament, par la méditation des Écritures héritées du judaïsme, et n'a retenu dans sa liturgie que ceux du Nouveau Testament. Quant aux lieux, elle ne vénère que ceux de la Nouvelle Alliance. Les chrétiens organisent constamment des pèlerinages en Terre sainte, mais cette expression n'inclut que les lieux saints de Palestine. Certains, comme nous, visitent le Sinaï dans une intention spirituelle, toutefois, on n'y voit pas de pèlerinages de groupes. Le renouveau actuel des pèlerinages, d'ailleurs, vise plutôt les sanctuaires chrétiens ou les lieux d'apparitions.

Il y eut d'abord, bien sûr, l'épopée des patriarches, dont l'historicité pose davantage de problèmes, où Dieu se constitue un peuple. C'est en Égypte cependant, avec la première captivité et la traversée de la mer Rouge, quelque part dans la région du Caire, que ce peuple entre massivement dans l'histoire. Même les guides de voyage traitent d'emblée les textes bibliques comme des sources historiques, à la suite des historiens.

C'est dans les cœurs que la Parole de Dieu est venue, non seulement par des paroles mais avant tout par des gestes grandioses. Longtemps après, ceux qui en conservaient la mémoire l'ont consignée dans des écrits sacrés. Or ces écrits eux-mêmes, en tant que *textes*, ont une histoire, et toute histoire court à sa fin ! En lisant autrefois la vie d'un théologien jésuite important (le P. L. De Grandmaison), j'étais demeuré stupéfait devant une méditation qui portait sur le jugement dernier. L'auteur y décrivait avec une sorte de frénésie victorieuse la destruction du monde présent par le feu, qui finissait par dévorer les Écritures.

L'image était d'une grande justesse théologique, et condamnait d'une façon péremptoire la tentation fondamentaliste qui menace toute religion, y compris la nôtre, qui s'appuie sur des textes sacrés[22]. La position catholique se démarque de toutes les autres, comme le judaïsme et l'islam, qui sont des religions du texte. Le cas de l'islam est particulièrement clair, puisque le Coran se donne pour un texte dicté directement par Dieu (ou un ange).

Pour la foi chrétienne, l'autorévélation de Dieu, dans des événements et des paroles, passe par les hommes. L'achèvement de cette incarnation est le Christ, homme et Dieu. Or, cet événement central, qui livre le sens de toute la Création, n'est accessible qu'à travers l'*interprétation* divinement inspirée de ceux à qui le Christ a enjoint non pas d'écrire, mais d'enseigner et de témoigner. Le texte sacré lui-même, du début à la fin, passe par les hommes, des écrivains d'un tempérament littéraire et d'une culture donnés, d'abord sous la forme d'un témoignage oral, plus vaste que la Tradition écrite qui le recueille. Par la suite, son interprétation et son actualisation passent encore par les hommes, puisqu'elles se font dès l'origine en Église et par l'Église, lieu de la Tradition toujours vivante, qui est comme l'épine dorsale de l'Église, ou comme le lieu à partir duquel parle l'Esprit. En ce sens, l'Église se transmet elle-même en transmettant

---

22. Ce problème est traité avec beaucoup de lucidité par le P. Claude GEFFRÉ, dont il faut lire le récent volume, constitué d'une série de conférences, *Croire et interpréter*, Paris, Cerf, 2001.

ce qu'elle croit, son credo. Cet aspect accidentel des écrits du Nouveau Testament et cette priorité de la Tradition cumulative sur l'Écrit est dans la logique même de l'Incarnation.

Pour les religions du texte, Dieu s'est dit dans le passé. Pour la foi chrétienne, Dieu se dit sans cesse dans le présent, en continuité avec le passé. C'est ce caractère présent de la Parole qui s'oppose à tout fondamentalisme. Les *vestiges* de la venue de Dieu dans l'histoire, comme ce désert, m'aident à entrer dans l'Écriture, mais l'Écriture est dans l'Église et non dans les mains des historiens qui l'éclairent à leur niveau. L'expression d'origine musulmane, «religions du Livre», est donc trop simple, car les trois religions bibliques font de la Bible un usage bien différent, ce qui ne diminue en rien la vénération de l'Église pour l'Écriture, source de sa foi.

En contemplant ce désert égyptien, avec en son centre le mont Sinaï, et à sa base la plaine El-Raha, je me dis que Dieu, dans sa progressive incarnation, a d'abord imprimé sa marque dans la pierre, puis dans le Livre — c'est peut-être pour cela qu'il a préféré ce désert aux déserts de sable. La pierre lui confère un relief massif, stable, qui en fait un véritable document inscrit dans la géographie et le temps. Contrairement à la Bible, il ne passe pas par la main des hommes. Quand je lis dans la Bible la chronique des événements qui s'y produisirent, il s'agit d'événements bien antérieurs. J'essaie de me faire présent à ces événements eux-mêmes, antérieurement à leur reflet intellectuel dans un texte, toujours soumis aux lectures, interprétations, contestations et divisions d'Églises. Je sais, je l'ai écrit plusieurs fois, que le désert extérieur n'est pas nécessaire, mais celui du Sinaï est d'une grande utilité pour ramener l'esprit au niveau de l'*expérience*.

L'expérience spirituelle *chrétienne* est toutefois autre que les démarches d'intériorisation de ce qu'on appelle aujourd'hui «spiritualité». Son itinéraire est jalonné (pas nécessairement dans le même ordre) par les étapes successives de la pénétration de Dieu jusqu'au cœur de l'homme.

Ces étapes représentent plus qu'un simple développement de la conscience religieuse individuelle. Ce que la religion judéo-chrétienne a de spécifique, c'est son réalisme charnel : Dieu est entré dans la *matière*, il passe par les *corps*. Malgré certaines déviations historiques qui ont pu accréditer l'impression contraire, rien n'est plus étranger à la tradition judéo-chrétienne, prise en bloc, que le mépris du corps. L'Église, corps visible, a toujours combattu sur ce point les différentes hérésies gnostiques (comme la cathare), qui ont en commun de répudier la matière impure, au point d'interdire le mariage. Il n'est pas facile de saisir une doctrine qui tombe sous l'éclairage d'une transcendance : «usant comme n'usant pas», assumer-dépasser…

Le chrétien qui visite les lieux saints est à la recherche des témoins et des documents de cette inscription de Dieu, un peu à la façon du jeune Platon reconstituant la grande figure de Socrate après sa mort. Il y a cependant une différence : Socrate est mort, tandis que Dieu, toujours vivant, ne s'identifie à aucun des *vestiges* de son histoire terrestre. De là leur grande ambiguïté. Ils me fascinent, comme en ce moment, où ils s'emparent de mes sens et de mon imagination, mais ils sont aussi le lieu d'une Absence. Si Dieu y est passé, ils sont depuis longtemps désertés, restitués à la nature et à l'histoire… Quand une pièce est jouée, on démonte le décor. Quel est le sens ici de ce fabuleux décor?

Le plus ancien document de l'histoire de Dieu est bien ce désert, *vide* de parole et plein d'images. À l'autre extrême, l'incarnation divine se poursuit ici-bas dans les corps, mais de la façon la plus paradoxale qui soit: dans du pain! Ici encore on est au-delà de la parole, des idées et même des images, mais toujours dans les corps: «Ceci est mon corps!» Il y a de la panique dans les efforts d'adaptation de l'Église en crise. Comme ces efforts concèdent beaucoup à une extériorité de commande, le sens de l'Eucharistie, tel celui du désert intérieur, est de plus en plus limité à un cercle restreint d'initiés. Quand le mystique chrétien se ferme les yeux pour se déconnecter du monde extérieur, faire le *vide* et trouver Dieu, il obtient le même résultat en les ouvrant sur le pain.

Peu à peu, ma visite au désert s'oriente vers une méditation sur l'Eucharistie, chose à laquelle je ne m'attendais pas. Du désert, extérieur et intérieur, à la plénitude de l'Eucharistie, le vide est le fil conducteur. L'Eucharistie est au centre du drame humain: on ne peut que l'accepter pleinement, la refuser ou la banaliser. Mais si on l'accepte, il faut aller plus loin: l'Eucharistie n'est pas seulement présence de Dieu, mais présence à Dieu de l'homme rassemblé, corps «mystique », c'est-à-dire mystérieux, du Christ.

Entre ces deux extrêmes, entre le désert biblique et l'Eucharistie, se développe l'expérience chrétienne.

Ensemble, la Bible et le désert introduisent à cette expérience, sans intermédiaire, sans le formalisme toujours possible des médiations institutionnelles. Pour celui qui ouvre ici la Bible en plein désert, elle n'est pas qu'un monument littéraire, le plus important de l'histoire humaine (selon la perspective, semble-t-il, des auteurs de la nouvelle traduction, la Bible Bayard). Le Livre n'a de sens que s'il n'est pas un livre (ou une collection de livres) où seraient consignées, fussent-elles enrobées d'inépuisables symboles, les doctrines indéfiniment discutées de trois religions. Il est avant tout le mémorial d'une *expérience*.

Celle d'Israël est exemplaire et archétypique, l'œuvre du Christ étant de la refaire, de l'achever et de nous y introduire. Expérience d'un *passage*.

Seul le peuple qui a marché au désert, qui a subi ce long combat de Dieu, a pu effectuer ce passage *de la religion à la foi*, en quoi consiste la découverte de Dieu, non pas un Dieu à posséder, non pas une idole à se donner en forme de veau d'or, non pas un Dieu soi-disant «proche » et manipulable, mais le vrai Dieu, toujours au-delà de nos attentes, un Dieu en marche devant un peuple en marche.

En christianisme tout est passage, continuel, de la mort à la vie, du détachement et de la dépossession à l'abandon.

Pour Mᵉ Eckhart, le détachement est supérieur à l'amour, car lui seul le rend possible.

> Souviens-toi de tout le chemin que Yahvé ton Dieu t'a fait faire pendant quarante ans dans le désert, afin de te mettre dans la pauvreté ; il voulait t'éprouver et savoir ce que tu as dans le cœur. (Dt 8)

Il était pratiquement nécessaire qu'une telle entreprise, décisive pour l'humanité, dure quarante ans, le temps pour toute une génération de disparaître et de faire place à une autre, qu'elle se fixe et s'inscrive au niveau du corps et de la matière, car l'homme est corps, et rien, absolument rien, ne dure et ne fait mémoire, s'il ne s'incarne. C'est pourquoi Dieu lui-même, pour ainsi dire, doit s'incarner pour se donner, et il le fait progressivement, comme dans des cercles concentriques. Il y aura d'abord une histoire inscrite dans une marche archétypique, celle des Hébreux, dont le principal document archéologique est le désert lui-même, merveilleusement préservé, ce divin réceptacle de tout, qui n'est pas fait de main d'homme. Vient ensuite l'Arche, puis le temple, fait de main d'homme, appelé à passer, à être dépassé, remplacé par le temple définitif, le corps du Christ. Salomon, le construisant sur l'ordre de Dieu, en était admirablement conscient : « Mais Dieu habiterait-il vraiment avec les hommes sur la terre ? Voici que les cieux et les cieux des cieux ne le peuvent contenir, moins encore cette maison que j'ai construite[23]», Isaïe s'opposa d'ailleurs à sa reconstruction. Il fut de nouveau rebâti par Hérode le Grand et détruit définitivement par Titus.

Le sens du temple chrétien a été précisé dans le renouveau liturgique après le concile. Il n'y a plus de «maître autel» central abritant le saint sacrement. En Inde, un missionnaire me disait que les chrétiens avaient été obligés de refuser, à contrecœur, l'offre d'une communauté hindoue de partager le même temple, parce que le temple chrétien n'a pas le même sens : lieu de rassemblement du peuple chrétien, il n'est pas la demeure de Dieu.

On dit couramment que «l'Église se vide». Mais on dit aussi : «*les* églises se vident», et il est vrai, bien qu'on en parle peu, que la crise de la foi dans le monde affecte les temples chrétiens, comme si les croyants eux-mêmes avaient besoin de réinventer les lieux du culte eucharistique, sans savoir comment.

Il reste que toute l'expérience des deux Testaments, celle de la Parole, du pain, de l'eau, du sang et du vent, se trouve récapitulée dans l'Eucharistie. Et l'Eucharistie est dans l'Église, car «c'est l'Église qui fait l'Eucharistie, mais c'est aussi l'Eucharistie qui fait l'Église[24]», et on voit bien aujourd'hui comment l'une et l'autre se perdent et se trouvent en même temps.

⁓

---

23. 1 R 8,27. Pour le Nouveau Testament, cf. Jn 4,21 ; He 9,24.
24. Henri DE LUBAC, *Méditation sur l'Église*, Paris, Aubier, 1953, p. 113.

J'ai peine à me détacher de ce désert. Du moins ai-je le droit d'y passer pour recevoir le message de ces vestiges de Dieu. Peut-être me faut-il régresser spirituellement et reprendre les étapes escamotées, assumer l'attente religieuse et le désir, ainsi que sa purification, pour mieux apprécier l'obscure possession.

Teilhard de Chardin se demandait, paraît-il, ce qu'il subsisterait dans dix mille ans de tout cela, de tous ces documents préhistoriques et historiques qui témoignent pour nous de la révélation divine, sur lesquels se penchent archéologues et historiens pour fonder, vérifier ou remettre en question le contenu de la foi. Il en restera peut-être ce qu'il reste aujourd'hui de l'homme du néolithique à la fin de l'âge de pierre, il y a dix mille ans. En faisant abstraction des scénarios apocalyptiques, il y a tant de variables en jeu, naturelles et humaines. Nous sommes nous-mêmes les ancêtres «préhistoriques» de ceux qui scruteront le passé dans dix mille ans. Les déserts comme celui-ci seront éventuellement recouverts par l'océan, écrasés sous le glacier, défigurés par l'industrie humaine, ou reconquis par la forêt. Ne parlons pas de nos constructions actuelles, d'une durée de vie qui bien souvent ne dépasse pas cent ans. La vieille ville de Jérusalem, les anciennes basiliques, tous les témoins en pierre de la culture judéochrétienne seront devenus pierres éparses, dont quelques-unes entreront dans les musées. Certes, les textes sacrés des religions feront toujours l'objet d'une attention spéciale, mais quel sera le destin de l'écrit après une éventuelle disparition du papier, faisant suite à celle du papyrus et du parchemin? Comment communiquera-t-on et que communiquera-t-on? En ce moment, avec le renouvellement rapide du matériel informatique, les documents informatisés ont une durée de vie de plus en plus courte. Il n'y aura bientôt plus de tourne-disques pour faire jouer les disques de vinyle qui n'auront pas été transférés sur CD puis sur DVD (les cassettes audio étant déjà démodées); de la même façon, les disquettes de huit pouces sont disparues avec leurs contenus, et à brève échéance, le même sort attend celles de cinq pouces, faute d'ordinateurs assez anciens. Il en sera de même des petites disquettes actuelles et sans doute aussi des disques durs.

Les vestiges lentement s'effacent comme les pas sur le sable. Les Israélites n'ont pas vu les premières tables de la Loi écrites de la main même du Créateur! Que sont devenues les suivantes, et l'Arche d'alliance dont nous ignorons jusqu'à l'apparence[25]? Les deux temples sont déjà disparus, et nous ne savons plus avec certitude où se trouvait le mont Sinaï. Le Buisson est attesté par une tradition humaine tardive…

«Mais le Fils de l'homme, quand il viendra, trouvera-t-il la foi sur la terre?»

Notre espérance répond par l'affirmative. Mais pas plus qu'aujourd'hui, la foi ne sera fondée sur le travail des

---

25. Une fresque de pierre à Capharnaüm en contiendrait peut-être une représentation.

historiens et archéologues. Peut-être deviendra-t-elle, à l'instar des plus vieilles religions actuelles, indépendante de ses origines dans le temps, origines que les historiens n'arrivent pas à démêler. À très long terme, l'approche fondamentaliste n'a pas d'avenir.

Dans l'Église catholique, la seule institution qui n'ait jamais varié en deux mille ans, pleinement dans le temps et indépendante du temps, est la façon de célébrer l'Eucharistie. Les explications philosophico-théologiques du rite, les discussions sur la «transsubstantiation», la «transfinalisation», la «transsignification», sans cesse remises sur le métier, peuvent remplir des volumes, mais le rite lui-même, dans sa mystérieuse simplicité, franchit les temps inchangé. Quand bien même tout disparaîtrait, restera donc l'Eucharistie, comme une puce mystique investie d'une mémoire fabuleuse, infinie, et de plus en plus cryptée. Depuis que j'ai renoncé à comprendre théologiquement la Croix et l'Eucharistie, leur évidence s'impose au-delà de toute compréhension purement intellectuelle.

En portant l'Eucharistie dans le désert, Charles de Foucauld opérait une synthèse de la religion et de la foi. Dieu se cache dans la nature, et en même temps dans certains lieux, comme le désert, la forêt, l'océan ; il se révèle aux cœurs sensibles à la vibration du sacré. Le désert est une figure de l'éternel, tout en étant éphémère dans le long terme. L'Eucharistie, préfigurée par la manne tombant dans le désert, est présence de l'éternel même, la seule chose ici-bas qui soit véritablement éternelle.

Dieu a dû parler fort au début, par miracles, prodiges et prophètes inspirés. L'exceptionnel et le miraculeux de jadis sont devenus notre pain quotidien — voile suprême pour les non-initiés. La Vérité est son propre voile. Pour la masse des non-initiés, croyants ou incroyants, l'Eucharistie est un simple rite, et quel rite[26], plus que jamais voilé par la dégradation du culte encharistique dans ces baraques religieuses que sont devenues beaucoup de nos églises. Pour les initiés, elle tient lieu de tout, y compris de l'Écriture et du dogme, qui y conduisent.

Malgré tout, je comprends qu'on s'attache à ces vestiges. Ils attesteront encore pour quelques milliers d'années le caractère spécifique de la religion biblique par rapport à toutes les mythologies et à toutes les autres croyances : son historicité. Souvent aussi ces vestiges viennent corriger des représentations arbitraires de la piété. Ils permettent aux êtres corporels que nous sommes de « réaliser » la vérité abstraite de leurs croyances au contact des choses visibles. Ils auront toujours le pouvoir de conforter et d'illustrer une foi qui aujourd'hui en a bien besoin. Leur choc peut même susciter des conversions.

16 décembre — Pour la première fois, nous contemplons le soleil du matin, plus blanc, plus frais. Tout se fond dans

---

26. Voir Maurice BELLET, *La chose la plus étrange. Manger la chair de Dieu et boire son sang*, Desclée de Brouwer, Paris, 1999.

la lumière et nous nous sentons transformés, meilleurs. Mais le soleil commence déjà à monter et le temps est venu de repartir.

Il n'y a que quelques voyageurs à l'auberge, et il nous est facile de réserver un taxi pour midi. Comme nous n'avons toujours pas d'espèces pour acquitter la note, le gérant nous propose de remettre le montant au chauffeur en arrivant à Nuweiba, où il y a une banque. Entre-temps, nous profitons de cette dernière heure pour revoir à loisir le monastère Sainte-Catherine. Près du portail, on aperçoit une petite mosquée du xe siècle, construite pour assurer la présence des deux religions. En attendant l'ouverture, nous nous attardons dans le magnifique jardin, où des ouvriers s'affairent à entretenir les lieux, ainsi que les cyprès, oliviers et arbres fruitiers qui y poussent.

La montagne

En route vers la côte, nous revoyons en sens inverse les paysages qui nous ont fascinés en arrivant, et surtout, car il n'y a que cela, les collines et les montagnes, dont les couleurs sont difficiles à nommer. Il me semble y voir du violet ou du turquoise, du jaune, de l'ocre et de l'or... Me voilà pris en flagrant délit de nommer les choses, les réduisant à ma mesure et à ma grille, plutôt que de me perdre en elles!

Le thème de la montagne est omniprésent dans la littérature mystique ou profane de toutes les civilisations. Il entre, avec d'autres symboles comme l'aile de l'oiseau, image de spiritualité, dans la symbolique plus vaste de l'élévation et de l'aspiration. Il se combine avec d'autres tout aussi importants, comme celui du centre du monde. Mais on est déjà dans l'ordre de la pensée, avec ses avantages et ses dangers. Pour certains peuples, demeurés plus près des choses que de la pensée, la montagne fait partie de la vie, physiquement. Je pense à ce film où on voit les habitants du village porter leurs vieillards là-haut pour y mourir. (Je me demande alors quel sens donner à la *conquête* des sommets par les alpinistes d'aujourd'hui.) Avant d'être pensée, la montagne *est*. En sa présence, Hegel, le philosophe de l'Idée qui a porté si loin l'aventure de la pensée, ne disait rien d'autre que : « C'est ainsi. »

La montagne, elle, est aussi symbole, et même archétype. Si pour entrer dans *l'expérience* de Dieu on doit dépasser toutes pensées et images, on ne peut *parler* de Dieu sans le secours d'un langage, celui des symboles, qui ne sont pas seulement des figures littéraires mais d'authentiques moyens de connaissance, à la fois sensible et spirituelle. C'est précisément parce que ses symboles sont aujourd'hui ébranlés, vidés de leur sens et sans résonance, que le christianisme est contraint de se réinventer.

L'expérience elle-même, aussi longtemps que nous cheminons dans un corps, ne peut s'affranchir totalement des représentations, même indicibles.

Quand on demande à un enfant chrétien où est Dieu, il montre le ciel. À la même question, un enfant asiatique répond en désignant sa poitrine. On voit bien que le symbole n'est pas seulement un double des choses, mais une clé de lecture de la réalité. J'ai toujours pensé, pour cette raison, que la première initiation chrétienne devrait puiser dans la théologie symbolique plus que dans la théologie spéculative.

Le choix des symboles n'a rien d'arbitraire. Nous savons, nous, modernes, que Dieu n'est ni en haut, ni en bas, ni au milieu, ni surtout en dehors ou au-dedans. Cette connaissance négative de Dieu[27] est inexprimable, et nous sommes acculés au silence apophatique[28]. La spiritualité, qui a des choses à dire sur nos rapports avec Dieu, ne peut s'en contenter. Or il n'existe historiquement que deux façons de désigner la divinité, auxquelles se ramènent les diverses représentations issues des traditions religieuses : la verticalité et l'horizontalité.

La symbolique verticale prédomine dans la tradition judéo-chrétienne. «Le Seigneur habite dans les hauteurs.» (Ps 138) Dieu est le Très-Haut et, dans l'Évangile, toutes les théophanies se produisent au sommet des montagnes. Le Christ levait les yeux vers le ciel au moment de s'adresser au Père. Il nous apprend à dire : «Notre Père qui es aux cieux.» Et sa glorification finale est une ascension. Saint Paul nous exhorte à «rechercher les choses d'en haut», etc. Le christianisme rejoignait en cela le paganisme antique.

---

27. Selon le concept de la théologie négative, nous savons plutôt de Dieu ce qu'il n'est pas que ce qu'il est.

28. Selon l'étymologie, apophatisme veut dire «sans parole». La contemplation silencieuse de Dieu, délaissant toute parole et toute représentation comme inadéquates, caractérise un large courant de la tradition mystique chrétienne.

En Grèce, l'Olympe est le séjour des dieux. Chacune des tribus péri-bibliques avait son dieu qui la protégeait d'en haut. Par suite, la verticalité désigne naturellement les valeurs «supérieures[29]». Pour sainte Élizabeth de la Trinité, «Toute âme qui s'élève élève le monde.»

Dans cette tradition judéo-chrétienne, la montagne n'est pas tant la demeure de Dieu que le lieu où s'opère la jonction du ciel et de la terre, par la descente de Dieu vers les hommes. Mais Dieu ne fait qu'y passer. Quand il dit à Moïse, alors qu'il s'affaire autour de l'étrange buisson : «Retire tes sandales de tes pieds, car le lieu où tu te tiens est une terre sainte», il n'investit pas un lieu pour y établir sa demeure. C'est parce que Dieu lui-même n'a pas ici-bas de demeure permanente que «nous n'avons pas (non plus) ici-bas de cité permanente» (He 13,14). Le temple et l'autel prolongent en tous lieux ce symbolisme de la montagne. On ne peut pas commander à Dieu d'y descendre, l'initiative ne peut venir que de lui. Chacun toutefois est appelé à gravir la montagne intérieure pour le rencontrer. La montagne symbolise aussi, par conséquent, le terme de l'ascension spirituelle.

Cet accomplissement humain, on ne le dira jamais assez, ne peut être que réponse à l'appel de Dieu, qui ne

---

29. Le Québec étant historiquement de culture chrétienne, il est remarquable de voir un des écrivains les plus enracinés dans la culture québécoise s'exprimer en ces termes : «La mort littéraire de Péguy signifie la fin de la verticalité. Un discours vertical comporte aussi une large coordonnée horizontale, donc donne vue sur de vastes horizons. Mais l'inverse n'est pas vrai.» (Pierre Vadeboncœur, *L'humanité improvisée*, Montréal, Bellarmin, 2000, p. 123.)

minimise en rien la responsabilité et l'autonomie de la créature. La fiancée du Cantique danse aux bras du Fiancé.

De tout temps, les hommes ont voulu commander à la divinité, la convoquer à des sommets dont ils contrôlaient l'agenda. Elle n'avait pas le choix des sommets. Les Babyloniens construisaient leurs propres sommets à cette fin, des pyramides (*ziggurats*), comme le feront plus tard les Mayas. Mais ces religions, qui n'ont pas reçu la révélation du Sinaï, «cherchaient Dieu à tâtons», comme dira saint Paul, et avec sincérité. Le jugement sera bien différent quand les Hébreux, imitant les *ziggurats* babyloniens, construiront la tour de Babel, avec la même impatience que la génération du veau d'or.

Quand on fait l'ascension d'une montagne, on tourne le dos au monde d'en bas, qu'on ne voit plus. Dieu, tout en haut, fait face aux quatre horizons illimités de la plaine, et à toute l'humanité. Les constructeurs de Babel, montant à l'assaut de Dieu, faisaient aussi dos à la plaine. Dieu les y renvoya et ils y sont encore. Mais le jour vient où on verra que le Dieu du Sinaï ne les a jamais perdus de vue, et qu'ils sont également appelés à monter, par des chemins divers. Le Sinaï s'est fait Golgotha (ce qu'évoquent les phénomènes cosmiques), accessible à tous, d'où s'écoulent le sang et l'eau.

Dans la théophanie du Sinaï, seul Moïse a été appelé à y rencontrer Dieu. Le peuple demeuré en bas fut séparé de lui pendant quarante jours, au terme desquels il se fabriqua un Dieu à sa dévotion.

Dans *La montagne et sa symbolique*, Marie-Madeleine Davy établit justement une opposition tranchée entre l'homme de la plaine, qui vit dans l'horizontalité, asservi à l'extériorité, et l'homme de la montagne, initié à la connaissance des mystères, vision de l'invisible[30].

La dimension horizontale ne s'exprime guère comme telle. Elle est plutôt impliquée dans la négation et l'ignorance de la verticalité. Quand la foi biblique recule, comme on le voit actuellement dans les pays chrétiens, c'est le sens de la transcendance qui se perd, même chez les chrétiens, au profit d'une immanence refermée sur elle-même. À vrai dire, ce qui s'oppose à la verticalité n'est pas seulement l'horizontalité, qui figure la fuite en avant d'une société qui a pris congé de Dieu, mais la suppression de ce système primordial de coordonnées, avec ses deux axes vertical et horizontal[31].

Faute de saisir le vrai sens de l'intériorité chrétienne (présence du Transcendant dans le cosmos et dans le cœur de l'homme — «plus intime à moi-même que je ne le suis moi-même», dira saint Augustin), une spiritualité diffuse propose une intériorité qui récuse un Dieu dit «extérieur».

~

30. M.-M. Davy, *La montagne et sa symbolique*, p. 42.

31. L'humanité, malgré tout, ne peut vivre sans aspirer à des valeurs «supérieures», d'où la recherche constante, dans la société laïcisée, de certaines formes de transcendance à l'intérieur de l'immanence, comme les droits de la personne. Un exemple récent: Luc Ferry, *L'homme-dieu ou le sens de la vie*, Paris, Grasset, 1996. L'idée est approfondie par le même auteur dans André Comte-Sponville et Luc Ferry, *La sagesse des modernes*, Paris, Robert Laffont, 1998.

Athéisme et panthéisme

L'athéisme est récent et régional (l'Occident moderne), et même en régression (au profit de l'agnosticisme ou de l'indifférence). D'une certaine façon, l'athéisme (purificateur d'idoles) est nécessaire au christianisme, mise en question qui le force à se ressourcer et à se renouveler dans un dialogue viril.

L'ennemi héréditaire du christianisme n'est pas l'athéisme mais le panthéisme, lequel a partie liée avec la gnose, et aussi avec l'ésotérisme, et avec lequel il y a peu de possibilités de dialogue. La spiritualité qui tend à remplacer le christianisme (réduit le plus souvent à l'une ou l'autre de ses figures historiques) est à saveur panthéiste. L'athéisme est négation, le panthéisme est refus.

De l'athéisme à la foi, le chemin est plus court qu'à partir de cette spiritualité en quête d'une transcendance à rabais, qui implique un refus du dépassement. C'est souvent en passant par l'athéisme que de grands esprits se sont ouverts à la foi chrétienne. En ramenant dans le cosmos tout ce qui relève de l'esprit, en remplaçant Dieu par le «divin», en confondant l'esprit lui-même avec le psychique, cette spiritualité relève d'un athéisme plus subtil et plus résolu que l'athéisme proprement dit. Schopenhauer avait raison de voir dans le panthéisme un «athéisme poli». Et dans la mesure où une telle spiritualité attire les chrétiens désabusés de l'institution, elle pourrait être une forme larvée d'un christianisme «athée» (l'expression est de Paul VI, alors qu'il était encore archevêque de Milan).

L'autre forme est la réduction radicale de l'Évangile à un humanisme entièrement laïcisé[32], ou à tout le moins déraciné. Dans la culture, la perte de la verticalité entraîne à la longue la perte du sacré, et celle-ci débouche sur la trivialité et le manque de profondeur. En témoignent non seulement la vie civile mais la liturgie catholique.

Les théologiens de la sécularisation s'attendent à ce que le christianisme renaisse de ses cendres, en ce sens que la modernité devrait finir par engendrer sa propre spiritualité. Cela est certes plausible mais, pour le moment, difficile à concevoir. L'homme de la modernité est pour l'instant absorbé par l'extériorité, tout en plaidant pour une subjectivité absolue. On avait jusqu'ici une économie *sans sujet*, nous aurons de plus en plus un système de communications *sans sujet*. Alexandrie, autrefois paganisée, n'a pas engendré un renouveau religieux. De son sein sont *sortis* plutôt les Pères du désert, ouvrant un fleuve de spiritualité (monastique en l'occurrence) qui a fécondé l'Europe. Aujourd'hui, c'est dans la modernité même qu'il faut créer l'espace d'un désert intérieur. Michel de Certeau remarque à cet égard que les églises introduisent de magnifiques espaces vides dans le tissu de la ville, de petits déserts.

---

32. «On peut être chrétien, non parce que l'on croit, mais parce qu'on veut se cacher sa propre incroyance dont on prendrait peur. Pour le cœur qui se ment à lui-même, le christianisme est le meilleur camouflage de l'incroyance, la meilleure façade qui cache le cœur emmuré.» (Karl RAHNER, *Prière de notre temps*, Paris, Éd. de l'Épi. 1966, p. 15.)

Lorsque Psichari faisait dire à Maxence : « Le désert est monothéiste », il pensait sans doute au polythéisme et aux idoles. De nos jours, on ne peut exclure que pour bien des chercheurs, le désert peut aussi bien être panthéiste. Mais dans le désert il y a la montagne, et c'est elle qui, dans le vide des créatures, rend le désert monothéiste.

Revenons à nos enfants, dont l'un montre le ciel, et l'autre sa poitrine. Entre les deux il n'y a pas à choisir, car ils représentent les deux fragments d'une même vérité qu'il ne faut pas séparer. Dieu, qui unit les contraires, est la fois « extérieur » et « intérieur », transcendant et immanent[33].

Ceux qui ne connaissent qu'un Dieu extérieur présentent une religion d'extériorité. Ou bien leur rapport à Dieu en est un d'obéissance servile. Ou bien Dieu leur sert de caution (finalement superflue) dans la poursuite de projets humains. Ou encore ils n'aiment pas les autres pour eux-mêmes mais pour Dieu.

Ceux qui ne connaissent qu'un Dieu intérieur en restent à un Dieu impersonnel qu'on ne prie pas, et finissent par dire (avec Shirley MacLaine !) : je suis Dieu.

Entre les deux représentations complémentaires de Dieu, il y a toutefois un ordre. Qu'il suffise de comparer les deux affirmations suivantes : « Le transcendant s'est fait immanent. », « L'immanent s'est fait transcendant. » La

---

33. En latin, le mot *altus*, qu'on peut traduire par « élevé » (comme dans « altitude ») ou par « profond », englobe à la fois la verticalité et l'horizontalité. Il est remarquable que le P. Henri Le Saux, poursuivant en même temps l'expérience chrétienne et l'expérience hindoue, intitula son journal *La montée au fond du cœur*.

seconde n'a pas de sens. Dans la dogmatique chrétienne et dans la spiritualité qui y correspond, la création précède l'incarnation, Dieu précède l'Univers. Pour apprécier le Dieu qui m'est intérieur au point de se confondre avec moi («Ce n'est plus moi qui vis… »), il faut connaître d'abord qui est celui qui est *venu* parmi les siens (Jn 1,11), car nous ne sommes pas divins de plein droit.

L'enjeu est considérable. Même si c'est par le Christ qu'on accède à Dieu (Père, Fils et Esprit), et plus précisément par son humanité, le danger est grand de nos jours de s'enfermer dans son humanité sans effectuer les *passages* auxquels il nous invite. L'autre danger est de s'enfermer en soi-même et de se fabriquer un Dieu à notre mesure qui n'oblige aucunement à sortir de soi. Laïcisation radicale de l'Évangile sous prétexte de ramener Dieu sur terre ; ou contamination par un panthéisme oriental adapté à la consommation occidentale : deux formes d'immanence.

Aujourd'hui, la théologie chrétienne est de plus en plus sensible à la judaïté de Jésus. La préservation de l'héritage juif, que reflète mieux l'expression de religion «judéo-chrétienne», rapproche le christianisme à la fois du judaïsme et de l'islam, sous le signe de la grandeur de Dieu.

Jésus se réfère explicitement au Dieu du Sinaï : «Avant qu'Abraham fût, Je suis.» (Jn 8,58)

La montagne, et singulièrement le Sinaï, c'est l'expérience du Dieu tout autre. Ma foi ne serait pas biblique si Dieu n'était pas le Très-Haut.

La spiritualité chrétienne coexiste avec d'autres spiritualités, qui parfois s'y opposent, pour des raisons en grande partie historiques. En soi, cette situation a quelque chose de sain, car la critique ouvre à l'autocritique, au dépassement et surtout au dialogue.

La condition préalable d'un dialogue fécond est que chacun assume pleinement son identité, sa différence. Autrefois, il n'y avait que des différences, d'où les guerres de religion. Aujourd'hui, le danger serait de sauter aux consensus faciles en gommant les différences. Le résultat est que, souvent, les chrétiens eux-mêmes se méprennent sur leur héritage, plus ou moins laminé pour fins de dialogue. Avant de chercher ensemble ce qui les enrichit l'un l'autre et les amène à se dépasser dans une vérité plus haute, chacun a d'abord à se présenter, et pour cela à être au clair avec lui-même.

Le langage de la spiritualité puise énormément dans la symbolique, une symbolique qui décrit un mouvement, un cheminement, un passage, lequel implique toujours un effort, une discipline. Un symbole courant est celui du combat spirituel, qui débouche sur une victoire et sur une joie. Le thème du combat spirituel s'articule encore plus radicalement sur l'archétype mort-résurrection. Il faut donc mourir à quelque chose, alors que la résurrection n'est pas en vue. Pour combler cet espace et soutenir la marche, pour conforter la foi, la doctrine est insuffisante, fût-elle puisée dans l'Écriture, sans le témoignage de personnes en qui se voit la résurrection à l'œuvre. La doctrine n'en est pas moins essentielle, car l'expérience dont rend compte le témoin s'inscrit dans une tradition qui en indique le sens.

De nos jours, ce n'est plus le christianisme qui peut convaincre de mourir à soi-même. Alors que sa parole, pervertie («péché», «pénitence», «vallée de larmes»…), est discréditée, on dirait que providentiellement d'autres spiritualités prennent le relais et font florès dans des mots à peine différents, comme le «lâcher prise», la «mort de l'ego». Est-ce à dire que le sens est le même? Pas nécessairement, car le sens à donner au combat spirituel fait partie du combat lui-même. L'histoire témoigne dramatiquement du naufrage spirituel de combats mal engagés. La mort de l'ego peut être entreprise avec une énergie d'autant plus résolue qu'elle vise l'émergence, le décapage d'un autre Ego encore plus fort, moins vulgaire, source d'une autosatisfaction infinie. D'ailleurs, certaines catégories chrétiennes, comme la «sainteté», sont parfois déviées. Pourquoi devenir un saint? Pour embellir son image, son auto-image? L'homme ne s'aime pas, car il lui manque l'essentiel: la beauté. Mais Jésus semble dire: «Cessez de vous regarder, cherchez plutôt à réaliser le Royaume des cieux.»

Le sens chrétien du combat spirituel est souvent décrit comme une *extase*, un mot qui signifie étymologiquement sortie de soi-même. Mircea Eliade propose alors d'appeler *instase*, descente en soi-même, la démarche d'intériorisation propre aux mystiques orientales, l'homme s'accomplissant en se dissociant du monde des apparences, et en coïncidant avec son vrai moi, ou le Soi. Un occidental (c'est le cas dans le Nouvel Âge en particulier) y trouvera parfois une spiritualité propre à satisfaire son désir inconscient de fusion avec la mère.

Les psychanalystes soulignent l'accord du christianisme avec les structures du psychisme : c'est par une parole proclamant la loi que le père, au stade critique du complexe d'Œdipe, permet à l'enfant de s'arracher au sein maternel et de devenir adulte. Une société qui élimine le père et adule l'enfant, qui favorise une religion fusionnelle et les dieux mères, ne risque plus de voir apparaître Celui qui dit : « Quitte ton pays et ta maison, et va dans le pays que je te montrerai. » C'est bien du christianisme qu'est né l'homme moderne, autonome et adulte, qui peut désormais le contester et même le tuer.

Il n'y a pas de doute que la représentation verticale de Dieu comme le Tout Autre, comme le Très-Haut, est plus compatible avec une spiritualité de l'extase, de la sortie de soi. Avant de s'unir à Dieu d'une façon ineffable, la créature fait partie d'une dualité. Elle est *devant* Dieu, qui la fascine et l'appelle, mais elle est encore séparée de lui, et ces deux extrêmes, chacun à sa façon, est doué de personnalité. Il faut être deux pour aimer. Tous les exégètes interprètent le récit de la création, dans la Genèse, comme une œuvre de dissociation des créatures entre elles et avec le Créateur[34].

34. Le P. Le Saux, auquel j'ai fait allusion plus haut, a été souvent tiré par ses commentateurs du côté du panthéisme. Certes, il parle lui aussi le langage

L'homme devant Dieu

Le désert et la montagne ont des secrets encore plus secrets. Ou plutôt, ceux effleurés jusqu'ici sont plus profonds, de sorte que tous les initiés ne se rendront peut-être pas jusque-là.

Le Très-Haut est en haut, le très-bas est en bas. Entre les deux la distance est infinie. C'est pour la combler que la montagne a été créée.

> Le Seigneur est élevé : il voit les humbles, et il reconnaît de loin les superbes. (Ps 138,6)

Le sentiment de sa petitesse n'est pas naturel à l'homme. L'homme moderne, surtout, parvenu à majorité, commis par le Dieu même de la Bible à l'intendance de la création, ne peut comprendre que les spirituels chrétiens aient tant appuyé sur le «néant» de la créature.

Que dire alors du péché, un mot qui revient plus de mille fois dans la Bible? Malgré l'intolérable spectacle du mal dans le monde, une censure impitoyable, qui chez les chrétiens devient autocensure, frappe le mot et la chose. Souvent les prêtres vont jusqu'à modifier la formule de la consécration eucharistique pour ne pas avoir à prononcer «pour la rémission des péchés», des mots qui font aussi

---

de la «non-dualité», mais, pressé de s'expliquer, il dira qu'il entend la non-dualité non pas comme une fusion et une disparition de la créature, mais simplement comme une «impossibilité de dire deux». Voilà qui est bien différent de l'enseignement des gourous orientaux. «Le défi, écrit avec justesse Richard BERGERON, est de penser l'altérité sans dualisme et l'unité sans monisme.» (*Renaître à la Spiritualité*, Montréal, Fides, 2002, p. 264.)

partie du credo. Il y a à cela des raisons historiques (hantise du péché originel, intermède janséniste, nouvelle définition de la culpabilité par la psychologie des profondeurs), mais elles n'expliquent pas tout. Prendre au sérieux le mystère du mal, jamais élucidé, à jamais incompréhensible, aurait peut-être trop de conséquences[35]? Parmi les aberrations que nous montrent les médias, il y en a bien peu, des plus violentes aux plus sordides, dont chacun de nous serait incapable une fois mis en situation. On s'habitue à tout. Rien de plus facile, paraît-il, que de convertir un bon père de famille en tortionnaire. À défaut de comprendre le mal, la théologie actuelle s'applique à le repenser et dit des choses intéressantes, en particulier sur le péché originel, refusant de fermer les yeux sur le côté tragique de la condition humaine.

Et d'abord, qu'est-ce que le péché?

Dans une récente enquête de sociologie religieuse, on attribue à certains jeunes la réflexion suivante : « À la messe, il faut se traiter de crottés, tout le long, même avant la communion où ça revient trois fois… »

Les formules liturgiques très anciennes ici dénoncées sont pourtant exactes, mais difficiles à comprendre pour qui n'a encore vraiment ni l'*expérience* du sacré ni celle de la foi, ni surtout une connaissance théologique suffisante. Elles sont d'ailleurs d'inspiration biblique. Au lieu d'initier,

---

35. On lira ici avec intérêt la thèse d'Yvon Brès, philosophe incroyant, qui souhaite la persistance d'un judéo-christianisme délesté de ses éléments dits « métaphysiques » (comme l'existence de Dieu), en raison de sa doctrine du péché et de la rédemption. (*L'avenir du christianisme*, Paris, PUF, 2002.)

elles rebutent. Le problème est avant tout pédagogique, ce qui ne veut pas dire qu'il soit facile à régler.

Par contre, s'éloignant de la profonde perspective de la spiritualité biblique, la pratique catholique du sacrement de pénitence a réduit le péché à des *actes*, grossis à la loupe, sans égard aux tendances. Une fois commises et reconnues, il est juste qu'on n'ait pas à revenir sur ses fautes indéfiniment. Il suffit de relire superficiellement la parabole de l'enfant prodigue, et auparavant la célébration du Dieu miséricordieux dans les psaumes et les prophètes : «Tu as jeté derrière toi tous mes péchés.» (Is 38,17) Dans l'Évangile, *les* péchés renvoient à quelque chose de beaucoup plus vaste et de plus diffus : *le* péché du monde, *le* mystère d'iniquité. Ici comme toujours, la parole du Christ est tranchante : «Si vous qui *êtes* mauvais…», «Dieu seul est bon.» On pourrait en dire autant de la doctrine paulinienne. Au-delà des catalogues de péchés, listes stéréotypées qu'elle reprend à son compte, et quoi qu'il en soit d'une influence externe (le serpent de la Genèse), les actes mauvais renvoient à une source intérieure à l'homme. Le péché n'est pas seulement ce que je fais, mais ce que je *suis*. «Je ne fais pas ce que je veux, mais je fais ce que je hais.» Ainsi, le péché est vraiment personnel, j'en suis responsable, mais en même temps il me dépasse : «Ce n'est plus moi qui accomplis l'action, mais le péché qui habite en moi.», «Je me complais dans la loi de Dieu… mais j'aperçois une autre loi dans mes membres qui lutte contre la loi de ma raison et m'enchaîne à la loi du péché qui est dans mes membres.» (Rm 7,14-25)

Ce que dit Me Eckhart des bonnes œuvres vaut aussi des mauvaises : «Les œuvres ne nous sanctifient pas, mais nous devons sanctifier les œuvres.» On semble entendre l'écho de cette profonde intuition chez Nietzsche : «Un homme rend précieuse une action, mais comment une action pourrait-elle rendre précieux un homme ?» Je retrouve la même idée, plus explicitement, chez le philosophe Jean Guitton, pour qui la liberté n'est pas tant la somme de nos actes qui s'enchaînent et façonnent peu à peu notre physionomie morale, mais constitue plutôt leur mystérieuse racine. Ma liberté, ce n'est pas ce que je fais, actes éphémères, mais ce qui me constitue, ce que je suis. Ce que je fais n'est que la manifestation de ce que je choisis d'être. La grande douleur, que je ne puis regarder, c'est ce choix fondamental que je fais constamment de moi-même. Ma propre source est impure, et je n'ai personne à accuser. Si je ne suis pas plus pécheur qu'un autre, je le suis autant, car nous le sommes tous devenus. «Nul vivant n'est juste devant Dieu[36].» (Ps 142) Et c'est précisément de cela que le Christ nous guérit, ce qu'on appelle le salut.

Ce message s'est préservé chez les prophètes écrivains comme Kierkegaard et Dostoïevski. Puis vinrent Marx, Nietzsche et Freud.

---

36. Ce thème est récurrent dans l'Écriture : Pr 20,9 ; Qo 7,20 ; I Jn 1,8.

Il est remarquable que, dans la Bible, quand l'homme est mis en présence de Dieu, il prend immédiatement conscience de son péché plutôt que de son néant comme créature. Plus que le reflet de nos fautes ou de nous-mêmes, le sens du péché est le reflet de Dieu en nous. Ainsi Isaïe, qui se dit «aux lèvres impures» dans son impressionnante vision inaugurale (Is 6,4), ou Pierre, lors de la pêche miraculeuse : «Éloigne-toi de moi, Seigneur, car je suis un homme pécheur.» (Lc 5,8) Il est donc tout à fait logique, pour celui qui n'a pas l'expérience de Dieu, de nier la réalité du péché. Les saints, ces voyants, n'auraient pas l'idée de dire : «Il n'y a pas de mal en moi, je suis un saint!» Pourquoi est-il interdit entre chrétiens, entre gens libérés […] de dire que le roi est nu?

Le néant et le péché sont inséparables, comme si ce dernier était essentiellement cela, méconnaissance du néant de soi-même au regard de l'Infini. Quand ce sens du péché (même chez celui qui n'a rien de grave à se reprocher, ou chez celui qui n'a en aucune façon été conditionné par une éducation puritaine) s'approfondit jusqu'à la conscience de «créaturité», quand l'espérance s'éclipse, quand le cynisme nous guette, il faut que le Créateur soit là pour soutenir sa créature, et c'est justement ce qu'il fait. Immédiatement, son désespoir se change en joie, la joie du salut, avec désormais le sentiment retrouvé pour toujours de sa vraie grandeur, de sa dignité, se sachant choisie et aimée de l'amour indéfectible de Dieu. Sa précaire existence, ressaisie par l'Éternel, par l'Infini, est sauvée du néant. Elle accède à la première béatitude, celle de la pauvreté, car être créé, c'est être reçu. L'ascension de la montagne intérieure peut commencer, ou se poursuivre. La mort et la résurrection s'accomplissent principalement ici-bas. L'autre mort, physique, n'en est que la manifestation visible.

Au fonds d'un puits, paraît-il, on aperçoit les étoiles en plein jour.

Dès qu'on sépare la mort et la résurrection, que ce soit au profit de l'une ou de l'autre, l'équilibre de la spiritualité chrétienne est rompu, comme cela arrive souvent, avec des conséquences désastreuses : méconnaissance des valeurs terrestres, refus de la modernité, ou bien méconnaissance du mal, prétention à un autosalut qui ne se réalise jamais.

Le sentiment du péché n'est donc pas lié à la crainte et à la culpabilité, et n'a rien de débilitant, comme on le suppose. C'est un état de consolation qui n'est qu'un aspect de la béatifiante expérience de Dieu. Celui qui, dans ce sens et de cette façon, ne l'a jamais éprouvé un tant soit peu est encore peu initié à l'expérience chrétienne. «Je ne suis pas venu appeler (ceux qui se croient) justes, mais les pécheurs (ceux qui se croient pécheurs). »

Contempler la montagne dans le désert rend soudainement visibles ces évidences.

∽

Car voici que je vais créer des cieux nouveaux et une terre nouvelle. (Is 64,17)
Tu n'auras plus besoin de soleil pour t'éclairer ni de lune pour t'illuminer, mais le Seigneur ton Dieu sera ta lumière pour toujours. (Is 60,19)
Une vive lumière illuminera toutes les contrées de la terre. (Tb 13,11)

Telles furent mes dernières pensées en quittant le désert du Sinaï, ce vendredi quinze décembre de l'an 2000. L'immense soleil qui y brillait toujours m'apparaissait comme le soleil des cieux nouveaux, et le désert, comme le monde présent. Au début, j'étais davantage saisi par la figure du désert, telle que peut l'enregistrer l'œil ou la pellicule. À la fin, j'étais surtout frappé par la qualité unique de la lumière qui l'embrase et qui le fait.

Le désert récapitule mon cœur.

À vrai dire, nous ne sortons pas vraiment du désert, car ses montagnes se jettent dans la mer, sur la route qui remonte le golfe d'Aqaba. À Nuweiba, où nous avions formé le projet d'aller camper dans le désert deux jours et une nuit, à dos de chameau avec des bédouins, on nous dit que ce n'est pas possible avant le lendemain.

C'est donc partie remise, car Lorraine doit reprendre le travail lundi. Après avoir profité de la mer, où nous sommes toujours pratiquement les seuls voyageurs, nous rentrons à Jérusalem le samedi soir.

Revenir au désert... Pour quoi faire ? Rien, précisément.

2

SION

ou la rencontre du Fils

L'INCARNATION PROGRESSIVE DE LA PAROLE s'est faite de sommet en sommet. Comme si le destin de l'humanité était, malgré tout, d'être toujours tirée vers le haut, le peuple de Dieu se trouvait conduit par l'Esprit du mont Sinaï au mont Sion, devenus le double centre de l'histoire et du monde. C'est aussi la marche que j'ai suivie en commençant par hasard ce voyage par le désert du Sinaï. Mais alors, ma foi est sollicitée ici et là de façon différente. Ce n'est plus seulement l'instinct religieux tendu vers l'absolu qui est à dépasser sans être nié, mais la «religion» inéluctablement instituée.

Le mont Sion

À huit cent cinquante mètres d'altitude, entourée de vallées et de sommets plus élevés, dominant le désert de

Judée, la vieille ville de Jérusalem est bâtie sur de modestes élévations, mais elle-même n'a rien d'une montagne. À partir de la citadelle jébuzéenne conquise par David il y a trois mille ans, ses collines se sont échangé les rôles dominants au cours d'une histoire quatre fois millénaire.

Dans le Nouveau Testament, les montagnes, comme le mont des Béatitudes, le mont Tabor, le mont des Oliviers, ne sont pas que des accidents géographiques. C'est dans la montagne que Jésus se retirait pour prier ou pour échapper aux foules. Les moments décisifs de sa mission sont associés à la montagne, comme le choix des Douze, leur envoi vers les nations, la multiplication des pains, le sermon sur la montagne, la Transfiguration, l'Ascension. Mais les montagnes de l'antique Palestine, souvent simples élévations, sont assurément plus petites que celles du désert. La montagne s'abolit elle-même en quelque sorte et se spiritualise. Jésus le dit explicitement à la Samaritaine au pied du mont Garizim : «L'heure vient où ce n'est plus ici sur cette montagne ni à Jérusalem que vous adorerez le Père […] Les véritables adorateurs adoreront le père en esprit et en vérité.» Dieu en serait venu à se dessaisir de ses lieux sacrés pour devenir «tout en tous».

Le Calvaire, ou Golgotha, n'est pas une colline, ni même un endroit précis, mais un lieu relativement étendu. La croix y aurait été enfoncée dans un bloc de roc sur une butte.

Quant au mont Sion, il évoqua longtemps la cité de David, dont on peut voir les vestiges en dehors des murailles actuelles, au sud du mont du Temple. Plus tard, il désigna une autre colline, symbole de la ville entière, quand elle s'agrandit au retour de l'exil. C'est là, croit-on, que se trouve maintenant le tombeau de David, également hors les murs. Mais, avec la Nouvelle Alliance, le mont Sion devient le nom et le symbole de la Jérusalem céleste.

Pour le sionisme, bien entendu, c'est autre chose… Après la perte irréparable du Temple en 70, les Juifs, qui vivaient déjà en partie à l'état de diaspora, ont fini par identifier Jérusalem à un imaginaire spirituel. Il est légitime, aujourd'hui, qu'ils veulent un pays, et que ce pays soit celui d'autrefois — mais à quel prix? Même un Juif pieux trouvera difficilement dans la Bible une justification au sionisme actuel: sous peine de perdre la guerre, il était interdit au peuple de Dieu de faire alliance avec quelque puissance terrestre que ce soit — à moins que Yahveh se soit acquis à ce jour deux peuples élus, le peuple juif et le peuple américain! Il est légitime aussi qu'ils recueillent pieusement les vestiges de leurs lieux sacrés, au mur des Lamentations. Avec l'islam et le christianisme, chacune des trois grandes religions repose perpétuellement le problème de la signification même de ce qui s'appelle *les lieux saints*.

Que seraient la fascinante Jérusalem actuelle et la Palestine sans tous ces vestiges sacrés qui en règlent le destin? Au Sinaï, il n'y a que Dieu. Bien qu'il soit amplement visité, l'humanité en est absente. Ici, à Jérusalem, on est en pleine humanité, et cette humanité, avec toutes ses ambiguïtés, y est en présence de Dieu, à jamais compromis avec l'impur, pour ne pas dire avec la religion, omniprésente. Après avoir rappelé que, au Sinaï, l'accès à la montagne sainte était interdit sous peine de mort, l'auteur de la lettre aux Hébreux proclame ce renversement : «Mais vous vous êtes approchés de la montagne de Sion et de la cité du Dieu vivant, de la Jérusalem céleste. » (12,22)

Ville de contradictions, persistante énigme, dont Jésus avant de mourir avait annoncé la destruction, après avoir pleuré sur elle, et qu'on n'a cessé de reconstruire.

La révélation judéo-chrétienne, je sens le besoin d'y revenir[1], se distingue entre toutes par son caractère d'historicité. Elle passe par des paroles humaines, inspirées, cumulatives, qu'on se transmet de génération en génération à l'intérieur d'un peuple, et non seulement dans des expériences ineffables mais individuelles, comme par exemple dans l'hindouisme. Son contenu essentiel n'est pas fait de doctrines, de préceptes et de définitions, mais d'événements prodigieux qui sont une automanifestation de Dieu lui-même dans la trame de l'histoire humaine. Les textes inspirés ne sont là que pour en donner l'interprétation. Leur témoignage porte en réalité sur l'évolution de la conscience religieuse du peuple de Dieu dans lequel toute

---

1. Voir plus haut, p. 85.

l'humanité est appelée à entrer — Dieu seul sait comment. Les Écritures sont essentielles, mais, si on ne les aborde pas que par la lecture, l'étude, la critique, leur lettre se dépasse pour nous laisser en présence de Dieu même, qui se révèle en faisant irruption dans l'histoire. S'incarner dans des mythologies n'a jamais fait de difficulté, mais descendre véritablement, littéralement, pour devenir l'un d'entre nous paraît inadmissible à la plupart de nos contemporains, comme ce fut toujours le cas avec le judaïsme et avec l'islam, et même à un nombre grandissant de ceux qui avaient été baptisés chrétiens. Cela est simplement logique.

Mais la Parole révélée ne se réduit pas à un dépôt inerte, à une doctrine à garder, à répéter et à transmettre. Ce dépôt est vivant. Il annonce une histoire du salut, et son interprétation continue, Tradition vivante, par le peuple de Dieu qu'est l'Église, fait partie de cette histoire, qui est l'histoire d'une incarnation continuée. Les quatre évangiles, non concordants, relèvent déjà de l'interprétation.

Qu'y avait-il du côté de Dieu «avant» l'Incarnation, si ce langage a un sens? Nous ne pouvons penser Dieu que d'une façon anthropomorphique, et la Bible ne s'en prive pas. En proposant la méditation de l'Incarnation dans les *Exercices spirituels,* saint Ignace nous invite à nous représenter les personnes divines délibérant entre elles en vue d'opérer le salut du genre humain. Le Fils va donc s'incarner, descendre sur terre, entrer dans l'histoire. Cela implique, avant tous les temps, le choix d'un pays, d'un peuple, avec une langue et une culture.

Logiquement, la révélation judéo-chrétienne aurait dû provenir d'une des puissantes civilisations qui à cette époque ont fait le monde : Inde, Chine, Mésopotamie, Égypte. Mais Dieu n'aime pas les forts[2].

Le temps venu, après bien des tribulations, la postérité d'un petit clan qui cultivait un troupeau quelque part en Chaldée se retrouve pour de bon en Palestine, «terre promise», entre les captivités d'Égypte et de Babylone, aux deux extrémités du croissant fertile. Après le Christ, elle sera évacuée, pour y revenir aujourd'hui après deux mille ans de diaspora.

La Palestine, le «pays des Philistins», selon la plus récente appellation (en 135 de notre ère) d'une terre qui s'appelait Canaan au troisième millénaire a.c., est située pour le mieux et pour le pire au carrefour des civilisations. C'est là, en particulier, que sortant de la savane africaine, notre espèce aurait commencé à se déployer il y a un million et demi d'années. On a trouvé à Nazareth et à Tibériade des ossements humains du paléolithique. L'«homme de Galilée» remonte à cent mille ans. Jéricho a connu la révolution néolithique, alors que les chasseurs de l'âge de pierre abandonnaient le nomadisme, il y a plus de dix mille ans. Des Cananéens nous vient aussi le premier alphabet, vers 1200 a.c., une date charnière qui marque aussi l'arrivée des Philistins alors concentrés dans la bande de Gaza et des Hébreux, les ennemis d'aujourd'hui.

---

2. Thématique des deux épîtres aux Corinthiens.

Au centre de la Palestine, comme le Sinaï au milieu du désert, la ville de Jérusalem, dont l'histoire est attestée depuis quelque quatre mille ans, est elle-même une sorte de condensé de l'histoire humaine, où s'entrechoquent les intérêts politiques, militaires et religieux. Étymologiquement, *Jérusalem* pourrait signifier «cité de Salem, le dieu de la paix». Si le nom, dans la tradition hébraïque, indique une vocation, le destin de la Ville sainte, occupée depuis trois mille ans, maintes fois conquise et reconquise, cinq fois rasée ou saccagée, est une tragique contradiction. Quel sera son avenir dans cent ans, dans mille ans? Attachement passionné à une histoire inachevée? Mémorial accompli? Rappel prophétique?

L'antique Jérusalem, représente à peine un centième de la ville moderne, mais on n'y va pourtant que pour elle. Elle est située tout entière dans la partie est, qui est depuis 1967 «zone occupée». Lorsque la terre était encore plate, elle était le centre du monde[3].

J'y suis allé plusieurs fois à partir d'Ain Karem, d'abord dans des promenades sans but, à la rencontre du génie des lieux. On est d'emblée d'accord avec toutes les descriptions

---

3. Ce centre était plus précisément le rocher où Abraham aurait été appelé à sacrifier son fils Isaac, situé autrefois dans le Saint des Saints du second temple, et maintenant dans le Dôme du Rocher. Du côté chrétien, c'est dans l'église du Saint-Sépulcre qu'on contemple une représentation de l'*Omphalos*, le nombril du monde.

de son caractère ; mais, dans la mesure où la présence des foules dans ses étroits passages couverts et dans ses vieilles rues fait partie de son caractère, je l'ai connue autrement. En mettant le pied en Israël, environ deux mois après le début de l'intifada, je m'attendais à voir des soldats partout, mais, à ma surprise, ce fut tout le contraire. Les hostilités étaient encore contenues à l'intérieur des territoires palestiniens, qu'il n'était pas question de visiter. Je n'ai eu à montrer patte blanche qu'au mur des Lamentations, où la folle provocation d'Ariel Sharon sur l'esplanade du Dôme[4], interdite aux visiteurs, avait tout changé.

Dans Jérusalem Ouest, il y avait déjà eu des exceptions : une bombe avait éclaté au milieu de l'étroit marché en plein air, et une autre dans une des principales rues commerciales, où se trouvait mon bureau de change, mais, pour les Israéliens et les Palestiniens, installés dans la guerre depuis la fondation du pays, c'était vraiment « business as usual ». Ceux avec qui j'ai pu échanger, seul ou en compagnie de Lorraine, étaient plus préoccupés par la situation politique que par la chronique militaire. Un jour que j'avais contourné la ville, à l'extérieur des murs, pour aller visiter le jardin des Oliviers, j'ai été embarrassé pour le retour, car revenir à pied par le même chemin était trop long et je ne connaissais pas le réseau des autobus. Le plus simple était de traverser la ville de part en part, de la porte

---

4. Je retiens parmi plusieurs autres l'appellation « esplanade du Dôme » pour désigner l'espace appelé abusivement « esplanade des mosquées », car le dôme du Rocher (ou de la Roche) n'est pas une mosquée.

Saint-Étienne à la porte de Damas. J'ai demandé à un musulman s'il y avait quelque danger à traverser le quartier musulman. Il a souri et il a dit : «If you're nice to people, people will be nice to you.» Et c'était bien ainsi.

On se méprend en se représentant Juifs et Palestiniens comme deux blocs homogènes. La diversité règne dans les deux camps, du côté juif en particulier, où il n'y a d'ailleurs pas que des Juifs. En parlant des extrémistes des deux côtés, une Juive qui avait été notre guide en Galilée résumait ainsi le sentiment le plus commun : «On devrait leur en faire un, un pays, pour qu'ils s'y battent!»

Comme tout le monde, j'aime bien m'égarer et jouer à me retrouver en visitant les villes étrangères. Malgré tout, je craignais de me perdre dans les dédales de la Ville sainte, déserte, où mes pas résonnaient sur les pavés des étroites rues couvertes, comme dans un film de Tati. Pour le voyageur encore inhabitué il pouvait y avoir là quelque chose de sinistre et d'inusité. Pourtant, il serait faux de dire que les habitants y vivaient dans la crainte et l'anxiété. Je ne percevais aucune tension. Aux abords de la pittoresque porte de Damas, et dans les autres souks de la partie arabe, les consommateurs du pays, avec quelques voyageurs en plus, affluaient dans un magnifique brouhaha. Ailleurs, dans les quartiers arménien et chrétien, les commerçants vivaient non pas dans la peur mais dans le vide. Souvent ils causaient avec des amis au milieu de leurs étalages magnifiques et exotiques, parfois somptueux, où il était plus que jamais facile de négocier des rabais. Les restaurants n'étaient guère plus achalandés, sauf les petits casse-croûte donnant sur la rue.

Ce qui me plaisait par-dessus tout, c'était justement le fait que les habitants de la vieille ville, à ce moment, ne vivaient plus pour l'autre, absent, mais entre eux, au naturel. Et cet « entre eux » était ouvert, accueillant. Malgré les inconvénients du climat, c'est toujours le grand avantage de voyager en basse saison, alors qu'on peut approcher les choses à loisir, sans être bousculé. Au cours de mes visites solitaires, il y avait ainsi beaucoup de vide dans ma tête pour loger les rêveries de mon voyage intérieur.

L'envoûtement de Jérusalem tient à ce que son histoire tourmentée semble transposée au niveau de l'intemporel. Celui qui y pénètre pour la première fois est frappé par une sorte d'homogénéité de l'ambiance qui transcende la diversité de ses quartiers. Le béton y est banni et tous les extérieurs nouveaux sont obligatoirement construits avec le beau calcaire rose du pays de Judée. Le moderne s'harmonise avec le plus ancien, de sorte que le voyageur chrétien non prévenu peut se croire en présence de la ville même de Jésus. Il n'ignore pas que l'histoire y a figé ses œuvres, qu'il se représente comme autant de strates plus

ou moins étanches culturellement, comme des strates géo-
logiques. Il se met donc avidement en quête des lieux et
des vestiges sacrés entre tous qui sont à l'origine de sa foi,
dans la strate la plus ancienne. Mais il ne tarde pas à découvrir que les murs actuels sont du XVIᵉ siècle, d'origine ottomane, et que le tracé des murs anciens s'est déplacé à
diverses époques ; qu'on vénère aujourd'hui à l'intérieur
de la ville les lieux d'événements que les évangiles situent
à l'extérieur ; et que les strates de l'histoire ne sont pas des
strates, car les monuments (ou leurs ruines) de ceux qui
ont imposé leurs dominations successives s'entremêlent
et continuent de se concurrencer ou de coexister pêle-
mêle, le commerce et la religion faisant par ailleurs bon
ménage dans une ville toujours vivante. Tous ces vestiges
sont diversement enchâssés par ceux qui les ont accapa-
rés, et qui continuent de les « occuper » (au sens militaire
du mot). À certains moments, j'avais l'impression que la
présence mystérieuse du Christ devenait prégnante dans la
ville elle-même, mais dans aucune de ses parties en particulier. Malgré tout, l'imagination décontenancée reste
fascinée.

Je savais que, en Inde, bon nombre d'Occidentaux en
quête de spiritualité y perdent la raison et doivent être
traités. Mais j'ignorais tout du « syndrome de Jérusalem[5] ».

---

5. Au moment même où j'écris ces lignes paraît dans *Le Devoir* (7 déc. 2001)
un article bien documenté sur un syndrome qui se manifeste à maints autres
endroits. Celui de Jérusalem est cependant le seul désordre mental qui porte le
nom d'une ville.

Ceux qui en sont atteints n'ont pas nécessairement des antécédents médicaux mais ils ont tous été marqués par leur éducation religieuse — ce qui est assurément mon cas! À partir d'une image très idéalisée, ils perdent leurs repères sous le choc de la réalité, qui ne leur paraît pas assez «religieuse». C'est sans doute ce qui m'a sauvé du syndrome! J'ai une idée de la «religion» qui me porte à y voir les deux extrêmes: tout en étant galvaudée, sous l'effet d'une laïcisation qui gagne aussi le judaïsme, la religion ici s'affiche et s'impose d'une façon triomphale, d'autant plus que, du côté chrétien, les Églises d'Orient n'ont pas fait leur *aggiornamento*. À la fois figée et militante, on ne sait plus si la religion fait l'histoire ou si elle est asservie par l'histoire en marche.

La géographie de la ville apparaît d'un coup d'œil sur une carte, avec ses quatre quartiers occupant les quatre coins d'un losange. J'y pénétrais par la porte de Jaffa, la principale, au bout de la grande artère commerciale du même nom, dans Jérusalem Ouest. Dans le prolongement de la porte, la rue David sépare le quartier chrétien, au nord, et le vieux quartier arménien, au sud. C'est d'abord ce dernier qui s'offre, magnifique de beauté et de paix, celui que j'aurai le plus fréquenté. C'est là, en tentant d'explorer les sites du mont Sion, hors les murs, que j'ai fait par hasard la rencontre d'un guide musulman. Il connaissait chaque pierre de la cité sainte, qu'il m'a fait revoir en entier. Or j'étais son premier client depuis trois mois.

La Via Dolorosa

Comme la ville est petite et déroutante, on passe insensiblement d'un quartier à un autre, et en déambulant vers le nord, on tombe constamment sur la Via Dolorosa, qui épouse le tracé d'une ancienne voie romaine. Pour les simples passants, c'est-à-dire ce jour-là à peu près tout le monde sauf moi, la Via Dolorosa n'est que le nom d'une rue importante, bordée de petits commerces, dont les deux tronçons, légèrement décalés, constituent la seule grande artère est-ouest à travers les quartiers musulman et chrétien. Les cinq dernières stations du chemin de la croix sont à l'intérieur de l'église du Saint-Sépulcre. La première est située sous le préau d'une école musulmane. Les autres sont marquées de diverses façons, tantôt par une chapelle, tantôt par un médaillon sculpté ou une petite croix sur le mur d'un commerce ou d'un bureau, tantôt par un simple rappel. Certaines risquent alors de passer inaperçues au milieu des vendeurs de souvenirs, où le toc et le kitsch côtoient parfois de belles choses. Sous l'influence des croisés au XIIIe siècle, puis des franciscains au XVIe, les diverses stations ont émergé dans un ordre assez fortuit, sur la base de traditions religieuses plus que de données historiques. La dévotion au chemin de la croix est récente, instituée par les franciscains aux XIVe et XVe siècles. Différents parcours se sont succédé au cours des siècles, parfois concurrents, et celui d'aujourd'hui ne semble pas compatible avec les données de l'archéologie et de l'histoire, qui localisent le prétoire de Pilate non plus à la forteresse Antonia, à proximité du Temple, en plein quartier musulman, mais au palais d'Hérode, près de la porte de Jaffa.

Bien que les foules soient en ce moment absentes, j'imagine aisément le cortège hebdomadaire des pèlerins faisant chaque vendredi le chemin de la croix sur le pavé reconstitué de l'étroite Via Dolorosa. Je ne doute aucunement que, parmi les touristes et pèlerins, se cachent des initiés et des saints, que Dieu seul connaît. Mais je me résigne mal aux ambiguïtés de la religion. Après avoir cherché le Dieu du Sinaï dans le grand vide du désert, me faudra-t-il le poursuivre maintenant dans son Église et sur les lieux mêmes de son ultime révélation?

Je suis de plus en plus frappé par cette évidence : entre les foules qui s'assemblent au mur des Lamentations, sur l'esplanade du Dôme, et sur les lieux chrétiens disséminés à l'intérieur et autour de Jérusalem, que de différence dans la conception du sacré! Pendant que les deux premières religions s'affrontent violemment, la troisième demeure presque à l'écart, du moins en Judée[6]. Il est vrai que, au moment où j'écris ces lignes, après les événements du

---

6. Il existe toutefois des chrétiens sionistes, de diverses dénominations et de tendance intégriste, qui contestent la prétention de l'islam à faire de Jérusalem un troisième lieu saint. Regroupés en «nation», ils ont ouvert une «ambassade» à Jérusalem après le transfert des ambassades à Tel Aviv, lorsqu'en 1980 Israël proclama Jérusalem capitale de l'État juif.

onze septembre, le concept de «civilisation chrétienne», identifié à l'Occident, reprend du service.

Ce qu'il y a de plus remarquable, c'est que l'islam et le judaïsme, religions d'une croyance plus simple, ont une conscience d'eux-mêmes définitive, qui fait leur force, alors que le christianisme est ébranlé par une crise d'identité qui affecte sa crédibilité.

Cette conjoncture m'indique le sens de la visite de Jérusalem et de la Terre sainte. Ce que j'ai écrit jusqu'ici des vestiges de Dieu s'étend à la ville de Jérusalem. Le regard qu'on pose sur elle d'un siècle à l'autre différera autant que la lecture de l'Écriture. Dans les deux cas, la conscience chrétienne se transforme au choc de médiations qui dépassent ces vestiges. Comme l'histoire de l'Écriture se déploie sur le double plan de sa rédaction et de sa lecture, celle de Jérusalem est également double : une histoire première et fondatrice, les années de Jésus inscrites dans ses murs, et ses lectures successives par ceux qui, de la première génération jusqu'à la nôtre, y ont inscrit leur foi historique. Notre foi diffère certes profondément de celle de l'époque des croisés, mais elle paraît plus incertaine. Ce qui fait la faiblesse actuelle du christianisme tient à son essence, religion destinée à être perpétuellement déstabilisée, ramenée au désert, jamais achevée, jamais installée, principal témoin du nouveau visage de

Dieu, qu'on avait révéré jusqu'ici comme un Dieu puissant. À l'époque des croisades, Jérusalem devait être le château fort de ce Dieu puissant, et son règne, imposé par l'épée. Soyons modestes toutefois dans nos jugements sur le passé : les papes et les saints ont prêché, et parfois mené, les croisades ! Et le principe de l'Inquisition a été appuyé par saint Thomas d'Aquin. Bien avant dix mille ans, nous serons à notre tour le Moyen Âge des chrétiens modernes !

Certes, la « Ville trois fois sainte » est pleine de religion, de religiosité et de Dieux. Mais pour les chrétiens, il n'y a pas vraiment de Ville sainte, car « nous n'avons pas ici-bas de cité permanente » (He 14,15). Le Saint-Sépulcre en son centre ne rivalise pas avec la Kaaba[7] ou le Rocher, ni avec les vestiges du mur du Temple. Telle est bien la conscience chrétienne d'aujourd'hui. Au Moyen Âge, époque réputée très chrétienne, le pèlerinage à Saint-Jacques-de-Compostelle, qu'on appelait alors « La Mecque chrétienne », fut un substitut du pèlerinage à Jérusalem, devenue inaccessible. De nos jours, on voyage beaucoup, mais pas plus à Jérusalem qu'ailleurs, ni même qu'à Rome. Les chrétiens de mon entourage ne rêvent pas d'aller à Jérusalem avant de mourir, alors que tout musulman doit faire une fois dans sa vie le pèlerinage à La Mecque.

Il est remarquable, d'ailleurs, que les cathédrales du Moyen Âge étaient tournées symboliquement vers

---

7. Sanctuaire en forme de cube, à la Mecque, contenant la pierre noire envoyée du ciel, et qui remonterait à Abraham et à son fils Ismaël.

l'orient, en direction du lever du soleil printanier, et non vers un lieu terrestre, comme les mosquées, orientées vers La Mecque. Le grand paradoxe de la religion chrétienne est que, plus incarnée que toute autre, elle a toujours incité en même temps à spiritualiser la matière : « usant comme n'usant pas ». Une spiritualité de dépassement, de divinisation, sera toujours dénoncée comme une contradiction. Ses propres fidèles la tireront tantôt vers l'esprit et le ciel, tantôt vers la chair et le monde — parfois agressivement.

Le Saint-Sépulcre

Après avoir tourné autour de l'église du Saint-Sépulcre comme un aigle autour de sa proie, j'ai fini par y entrer. Avais-je peur ? Au milieu des voyageurs curieux ou recueillis, rencontrer le Dieu du Saint-Sépulcre me paraissait soudain aussi redoutable que rencontrer le Dieu du Sinaï.

Symboliquement, cette église fait penser à un cube de Rubick. De bas en haut, s'étagent les différentes époques de son édification. En sens inverse, d'un côté à l'autre, se combinent les nombreuses Églises qui y ont mis la main. Une autre image qui me revient, certes peu révérencieuse, est celle d'une bande dessinée qui a déjà fait fortune dans les milieux de l'éducation. Elle représentait un projet réalisé par un *comité*. Les premières vignettes montraient l'élaboration d'une structure incroyablement compliquée.

La dernière représentait la demande initiale : une balançoire pour enfants faite d'un pneu suspendu à une branche d'arbre... J'avais un peu honte de mes pensées, lorsque je suis tombé sur cette autre image dans un de mes guides de voyage : selon un voyageur, elle tenait d'un site architectural et d'un dépôt de meubles usagés ! Ce jugement est plus discutable, mais j'ai trouvé au même endroit la nuance exacte de ce que j'éprouvais confusément après ma première visite : « Bien que ce soit le sanctuaire central du christianisme, cette église est beaucoup moins distinctive que par exemple le Dôme du Rocher ou le mur Occidental, et souvent il arrive que des gens la parcourent en tous sens sans avoir la moindre idée de ce qu'ils viennent de visiter. »

L'idée qu'on se fait d'une église, quel qu'en soit le style, est celle d'un grand espace débouchant sur un sanctuaire. Ici, rien de tel. Or la première construction, due aux architectes de Constantin en 326, était d'une ordonnance grandiose[8]. Le visiteur franchissait successivement une majestueuse façade, une première cour ou atrium, une immense basilique à cinq nefs, un deuxième atrium, pour accéder finalement à un édifice circulaire surmonté d'une coupole qui abritait le tombeau du Christ et, un peu à l'écart, le massif du Calvaire. Sous la basilique se trouvait la fosse où sainte Hélène, la mère de Constantin, avait découvert trois croix

---

8. Après avoir visité les magnifiques basiliques de Constantin, je me suis intéressé à cette époque de l'histoire de l'Église. Je serais porté aujourd'hui à distinguer entre l'époque de Constantin, qui relève du déterminisme historique et a permis la diffusion du christianisme, et « l'ère constantinienne » qui a suivi.

sur le site d'un temple romain dédié à Jupiter, Junon et Mercure, après la destruction de 70. Tout cela aura été livré aux caprices de l'histoire et de ceux qui la font: incendie par le conquérant perse, destruction à peu près complète, restaurations partielles, démolition par le conquérant arabe, conversion en mosquée, remaniement et déplacement de l'entrée vers le côté, construction d'une nouvelle église par les croisés, ajout de cloîtres et de bâtiments… Après la prise de Jérusalem par le sultan Saladin au XIIᵉ siècle, l'Église latine perd sa prépondérance, nouveaux remaniements, et les Églises chrétiennes se partagent l'espace intérieur, comme autrefois les soldats romains s'étaient partagé les vêtements du Christ! Un incendie plus récent (1908) et un séisme (1927) imposèrent une dernière restauration, considérable.

L'impression actuelle, en circulant dans cet immense monument privé d'éclairage extérieur, est celle d'un amoncellement de trésors, ou d'un étalage de marbre, de tentures, d'or et de cierges, au milieu desquels évoluent, d'un étage à l'autre, «les représentants des Églises chrétiennes d'Orient, aux allures de princes assyriens ou de mages orientaux, et d'Occident» (*Guide Bleu*). Tant d'histoire et de puissance empilées interdisent d'imaginer que le mieux serait de tout recommencer à neuf.

Je n'ai jamais su combien il y a d'Églises chrétiennes, et j'ignore également si quelqu'un le sait. Il y en aurait dix-sept à Jérusalem, mais je me demande comment on peut en faire le compte, car leurs groupes et sous-groupes ne sont pas toujours présentés de la même façon, et il y a aussi des sectes. La place des différentes religions, fondée sur les droits acquis, est souvent sans proportion avec leur importance dans le christianisme actuel. L'Église arménienne orthodoxe, par exemple, qui représente le premier royaume chrétien (IVe siècle), est une des plus influentes, mais elle est en voie d'extinction. On peut en dire autant des Églises copte et assyrienne. L'Église grecque orthodoxe est la plus ancienne ici (avec la petite Église syrienne) et la plus puissante, dominant son éternelle rivale, l'Église latine (avec ses quatre familles), dont la présence ne remonte qu'aux croisades, avec des éclipses. La ville compte six patriarcats (l'équivalent oriental d'un archevêché), dont deux non pourvus d'un patriarche ; et seul parmi eux le patriarcat grec est pleinement autonome. Quant aux protestants, leur arrivée est récente. Autant de vestiges, vivants cette fois, d'une Église primitive fractionnée dès le début par le schisme et l'hérésie. Jérusalem est comme le Galapagos des religions chrétiennes ! Même leurs noms échappent à la plupart des voyageurs d'aujourd'hui.

Au Saint-Sépulcre, les rivalités demeurent si vives entre les quatre communautés responsables que les querelles de territoire sont devenues — à la lettre — une question de centimètres ! Une affaire de tapis a déjà fait couler le sang. Après le tremblement de terre de 1927, on a mis trente ans à s'entendre sur un programme conjoint de restauration...

Mince compensation, l'histoire interne des communautés juive et musulmane présente des situations comparables.

Mais on peut dire, malgré tout, que la tumultueuse histoire des rapports entre la religion et l'État aura eu à Jérusalem quelques effets positifs, car les querelles entre les Églises ont été contenues et encadrées par l'arbitrage des princes, conférant et consolidant leurs pouvoirs respectifs.

Cependant, celui qui ne retiendrait que ces histoires de pouvoirs verserait dans la caricature. Les solennelles célébrations dans la vieille et magnifique cathédrale Saint-Jacques des Arméniens, par exemple, impressionnent même les non-croyants.

Ainsi va l'histoire de la «cité de Salem»…

Pour ce qui est du Saint-Sépulcre, il n'y a pas de doute qu'il reflète davantage les querelles des hommes, des Églises et des empires, que l'histoire évangélique.

Ma réflexion n'en était pas encore là, lorsque j'y pénétrai. Plus que tout autre, le chrétien qui arrive ici, simple voyageur ou pèlerin, est sous l'empire d'un puissant imaginaire, partagé entre l'effroi sacré et la curiosité de se trouver sur les lieux mêmes du drame inaugural de sa foi et d'en recevoir le choc. Mais ce lieu n'existe plus tel quel. En circulant d'un niveau à l'autre, d'une chapelle à l'autre, d'une époque à l'autre, il en retrouve comme des spécimens disséminés ici et là dans les circuits d'un vaste musée : un aperçu, sous vitre, du roc du Golgotha, derrière et sous un autel, avec ce qui serait le trou de la croix, et même une fissure attribuée au tremblement de terre mentionné dans l'Écriture ; plus loin, la pierre dite de l'Onction (de 1810), où le corps du Christ aurait été décloué et embaumé, qu'on est invité à toucher, et qui fait l'objet, paraît-il, d'une dévotion souvent excentrique ; et finalement, le tombeau du Christ, une pièce entièrement revêtue de marbre, maintes fois refaite, précédée d'un vestibule où on peut voir un fragment de la pierre sur laquelle se serait assis l'ange qui s'adressa aux deux Marie après la Résurrection, suivie d'une autre chapelle où un morceau de pierre polie laisserait voir un fragment du tombeau.

Vraiment peu de chose ici pour l'imagination. Ce que j'ai vu de plus inspirant est la petite église moderne des Franciscains, à l'écart, avec ses magnifiques stations du chemin de la croix de style Giacometti, peut-être de Giacometti lui-même, ce que je n'ai pu vérifier. C'est le seul endroit où j'ai aperçu des gens véritablement en prière. Je n'ai jamais pu retrouver cette église par moi-même. Je l'ai revue une seconde fois en compagnie de mon guide musulman, un homme extrêmement raffiné et respectueux, qui connaissait les évangiles aussi bien que moi. Quand j'ai voulu y retourner une dernière fois, c'était l'heure de la fermeture des lieux. C'est ainsi que j'ai appris que, à la fin de l'occupation ottomane au XIXᵉ siècle, la clé de l'église avait été confiée à une famille musulmane locale et à ses descendants, plutôt qu'aux Églises chrétiennes ! Son détenteur m'y a gentiment conduit, malgré l'heure.

J'avais de plus en plus l'impression que le Christ était superbement absent des chicanes de ses enfants, qui prétendent dominer le monde en son nom. Quel rapport avait cette nouvelle Absence du Dieu *incarné* avec celle du Dieu du Sinaï ?

L'énigme de Jérusalem n'est pas seulement une question intellectuelle posée par ses contradictions, mais d'abord un mystère à contempler, en s'abstenant de juger. Il y a cependant des questions de fait qu'on ne peut différer. Qu'en est-il de l'authenticité des lieux ? Une fois reconnue la part de la légende et de la crédulité aux époques peu soucieuses de rigueur historique, nous dépendons avant tout du témoignage de sainte Hélène, au IVe siècle. Nous sommes peu renseignés sur la communauté primitive de Jérusalem, la ville ayant été rasée en 70 et remplacée au IIe siècle par une cité romaine avec ses temples.

Avant les débuts de l'archéologie biblique[9], les voyageurs européens en quête d'exotisme n'ont pas tous partagé l'enthousiasme des croisés. Herman Melville parle d'escroquerie. Pour George Bernard Shaw, surtout, il faudrait

---

9. Les fouilles systématiques remontent à 1923, mais elles ont toujours été l'objet de résistances de la part des trois religions. Elles sont donc peu avancées au mont du Temple et au Saint-Sépulcre. Pour l'ensemble de la Palestine, l'École biblique et archéologique française, fondée par les Pères dominicains en 1890, aura joué un rôle déterminant, mais toujours sur la brèche, même dans l'Église catholique.

apposer une pancarte avec ces mots : « Ne prenez pas la peine de vous arrêter, rien n'est authentique ». Aujourd'hui, les données historiques et archéologiques tendent à confirmer l'authenticité des sites de l'église du Saint-Sépulcre. Mais il est toujours de mise d'écrire : « site présumé », « site supposé »…

Tout se passe comme si Dieu avait remis à la nature les sites de sa première théophanie, au Sinaï, confié aux hommes la garde des lieux saints du judaïsme et de l'islam, puis s'était réservé celle des vestiges chrétiens. Juifs et musulmans auront donc bien *sacralisé* leurs lieux, historiquement attestés : le mur des Lamentations et l'esplanade du Dôme remontent incontestablement au second Temple et à la venue de Mahomet. Quant aux lieux évangéliques, on dirait que Dieu s'amuse à brouiller les pistes, pour qu'on ne soit porté à « chercher le vivant parmi les morts » (Lc 24,5). Le Dieu de la Bible est absolument différent : il est le Saint, lui seul est saint, et il désacralise toutes choses, à commencer par les lieux marqués par son *passage* — non pas toutefois jusqu'à les abolir, car il n'est pas un Dieu de mythologies, en Jésus Christ il a touché l'histoire. Notre piété s'attache à ces vestiges, notre foi en garde la mémoire, mais ils ne sont saints que pour un temps, au moment où Dieu y passe. À l'instant où le Christ expire, le voile du Temple se déchire, il n'y a plus de Saint des Saints, et le Temple lui-même sera détruit.

Oscillant entre l'attente, la fascination et la frustration, mon esprit se trouvait de plus en plus confronté à l'ambiguïté du sacré, de sa présence inévitable et de son dépassement nécessaire.

Pour à peu près tous les sites importants du Nouveau Testament, il est remarquable qu'il y a toujours plusieurs localisations possibles : c'est le cas non seulement de la Via Dolorosa, mais de la Cène (trois sites), du baptême du Christ, de la naissance, de la mort et de la sépulture de Marie, ainsi que de l'Annonciation, du martyre de saint Étienne, sans parler des incertitudes sur le jardin de Gethsémani ou sur le site de l'Ascension... Ainsi, Dieu lui-même semble dire, avec cet humour divin qui affleure constamment : « Choisissez le site que vous voulez ! » Il n'est plus possible aux spécialistes de démêler le fil conducteur sous les vicissitudes d'une histoire toujours instable.

La Tombe du Jardin

Cela est vrai même du site de la mort et de la résurrection du Christ. Tout juste en dehors des murs, près de la porte de Damas, là où passait une voie importante en direction de Damas et de Jéricho, se trouve un lieu étonnant, qui a pu être le jardin de Joseph d'Arimathie. Découvert en 1883 par un militaire anglais, fouillé et restauré, il contient une immense citerne préchrétienne, un pressoir à vin et un sépulcre taillé dans le roc, dont la disposition concorde jusque dans les moindres détails avec les récits évangéliques. Il donne immédiatement sur un espace ouvert, bordé par une falaise en forme de crâne, avec ses deux orbites, connu à l'époque de sa redécouverte récente sous le nom de «Colline du Crâne», en conformité avec le texte des quatre évangiles. Cet espace, occupé de nos jours par une station d'autobus, fait partie d'une ancienne carrière qui aurait été utilisée autrefois pour les lapidations et les crucifixions. Le sépulcre semble avoir été vénéré à l'époque byzantine et du temps des croisés. On y trouve aussi les restes d'une construction, vraisemblablement une église. Sa datation est discutée, mais rien ne défigure la beauté originelle de ce jardin oriental, scrupuleusement préservé et entretenu, de sorte qu'on n'a pas à fermer les yeux pour se sentir revenir deux mille ans en arrière. Il n'y a rien à ajouter à ce commentaire d'un pèlerin: « Si ce n'est pas le véritable site de la mort et de la résurrection du Seigneur, il aurait dû l'être.» L'organisme anglo-protestant qui en a la charge a ses bureaux à l'écart et aucune Église ne s'y affiche.

On peut concevoir l'historicité de bien des manières. Elle est dévoilement de la réalité, mais de quelle réalité? Un éclat de roc derrière une vitre est-il plus réel qu'un vrai jardin, conforme en tous points aux attentes des sens et de l'imagination? Par quelle faculté passe notre appréhension du réel? Ces questions intéressent la foi au plus haut point et la réponse n'est pas simple, puisque toute la philosophie y passe. (Ce jardin est un des lieux, avec le mont des Oliviers et la Via Dolorosa, où éclate le syndrome de Jérusalem.)

Certes, je serais gêné d'apprendre un jour que j'ai privilégié le lieu inauthentique, mais le contraste est saisissant.

La foi ne se nourrit pas que de théologie, et celle-ci ne se nourrit pas que d'histoire. Parmi les *symboles* qui pour le chrétien occupent le centre de sa méditation, il y a paradoxalement un objet matériel et concret, unique, qui résume toute la foi et même toute la quête humaine : le tombeau vide. Dans l'église du Saint-Sépulcre, on peut vénérer, mais peut-on méditer et prier ? Le sens du sentiment oppressant qui m'habitait m'apparaît en ce lieu, comme si la mémoire s'y était transformée, par les aléas d'une histoire mouvementée, en une lourde glorification du tombeau lui-même et de la Mort plus que du vide et de la Résurrection (rançon de la glorification des religions et de la religion ?). Celui qui avait dit : « Laissez les morts enterrer leurs morts » paraît ramené dans son tombeau. Ici, le sépulcre semble serti dans la lumière d'un jardin luxuriant, celle de la Pâque d'aujourd'hui, où il nous invite à retourner pour en savourer la paix. Par son absence même, le Christ y semble plus présent et plus proche que n'importe où à Jérusalem.

Partout où brille le soleil dans tout son éclat, le soleil du matin surtout, notre foi sort de la brume, et je retrouve l'évidence du désert, alors que je repensais à l'histoire du docteur Ox.

Pendant que les foules se prosternent devant la chrysalide, je parle avec le papillon.

Le jardin de Gethsémani, si bien préservé, avec ses oliviers centenaires, rejetons probables de ceux qui ont vu l'agonie du Christ, est un autre de ces rares lieux où le vraisemblable peut être plus vrai que l'historique.

Une grotte, à proximité, a été considérée successivement au cours des siècles comme le lieu du Cénacle, de la trahison de Judas, puis de l'agonie…

~

Au mont Sion

La petite salle du Cénacle, au mont Sion, hors les murs, près du quartier arménien, est une pieuse reconstitution sur un lieu chargé d'histoire. J'ai eu la chance d'y pénétrer seul, avant l'arrivée d'un groupe guidé, et j'y suis revenu après son départ. Malgré son origine tardive, postérieure aux croisades, et son style gothique, son ambiance a quelque chose d'authentique et de vraisemblable en rapport avec les événements sacrés qui s'y sont passés. C'est un des lieux saints les plus suggestifs.

Mais il m'a paru aussi étrangement déserté que les autres, d'autant plus que, là comme ailleurs (à la différence du tombeau de David, juste au-dessous), il n'y a pas de gardien chargé de veiller sur les lieux comme dans les musées. N'importe quel passant peut s'emparer du lieu. Une porte fermée au sommet de quelques marches semble donner sur une sorte de débarras qu'on pourrait apercevoir à travers une fenêtre si elle n'était si élevée.

Pour les Douze, c'était un lieu d'usage quotidien, qui n'avait rien de remarquable, et ils ne se savaient assurément pas en présence de Dieu. Ils étaient encore plus que nous sous le régime de la foi, car les deux mille ans qui se sont écoulés ne sont pas des années qui nous en séparent mais nous en rapprochent, comme un immense pont construit par une Tradition nourrie d'une méditation qui en confirme toujours la vérité. Ceux qui souhaitent avoir été témoins oculaires de la vie et de l'œuvre du Christ savent-ils ce qu'ils demandent ?

L'ensemble du mont Sion est impressionnant. Ses passages, ses petites cours intérieures et ses édifices de pierre rose inspirent la sérénité.

Bien entendu, il y a beaucoup d'églises dans la ville de Jérusalem et autour, où il y a tant à commémorer. J'en ai peu visité. C'est en visitant au mont Sion celle de la Dormition[10], fort belle, de style néo-roman, qu'une idée a germé en moi, dans le prolongement de la méditation sur le temps et l'éternité qui a occupé mon esprit depuis le début de ce voyage. Par sa luminosité, l'église de la Dormition contraste avec les autres monuments. Ses mosaïques dorées et polychromes d'inspiration byzantine évoquent surtout des thèmes scripturaires, voire astrolo-

---

10. L'église actuelle a été construite en 1900 par les Allemands, dont l'empereur avait reçu le site en cadeau de la part des Turcs, dans un contexte de rivalités politiques. Occupée par l'armée d'Israël, elle a été endommagée deux fois, en 1948 et 1967. À Jérusalem, toutes les religions sont captives. L'ensemble du mont Sion est d'ailleurs le seul site administré directement par l'État.

giques, et font penser à ces catéchismes en images des cathédrales médiévales. J'avais toujours été irrité par l'empressement de l'Église à dénaturer les sites sacrés en les couvrant de temples. Mais il me semblait découvrir une intuition théologique à l'œuvre dans ce qu'on pourrait appeler l'inconscient de l'Église. Cette pratique, en effet, allait à l'encontre de la piété traditionnelle qu'elle encourageait par ailleurs, si portée, encore aujourd'hui, à sacraliser les vestiges et les traces sensibles de l'œuvre divine au détriment de l'Eucharistie, présence du Dieu vivant, qui l'accomplit en totalité. L'Eucharistie n'est pas une «représentation» de la Cène, au sens ordinaire du mot, reconstitution ou symbole visuel. «Re-présenter» signifie pour la théologie *rendre présent* le sacrifice de la Croix, écartant pour ainsi dire tout l'historique de l'Évangile en le faisant changer de plan. Si c'était possible, il y a des gens qui renonceraient volontiers à l'Eucharistie pour remonter le temps et assister en personne aux événements rapportés dans l'Écriture. L'Église n'a jamais cédé dans sa théologie à la tentation fondamentaliste, qui en séduit plusieurs aujourd'hui, comme si la substance de la foi était suspendue aux résultats de la recherche historique, et non pas au travail de l'Esprit dans le monde[11], dont les témoins peuvent faire partie de l'Église (Mgr Romero) ou non (Gandhi, Martin L. King).

---

11. Voir plus haut p.85. Sur l'exégèse fondamentaliste américaine avec le *Jesus Seminar*, cf. Luke Timothy JOHNSON, *Jésus sans parti pris*, Paris, Cerf, 2000.

Au principe de toutes les religions, il y a le problème de la mort, qui se pose inévitablement à la mort du fondateur. Le judaïsme et l'islam travaillent pour ainsi dire à retenir sur terre, à y ramener constamment leur Dieu, par le culte de ses lieux historiques. Leur rapport à Dieu passe par le Temple (qu'on rêve de reconstruire et dont les ruines contiennent toujours le Saint des Saints — d'où le refus des fouilles), ou La Mecque. Le Christ, à l'opposé, n'a de vie qu'à partir de sa mort et de sa résurrection, et toutes nos relations avec lui se vivent dans un présent qui n'est pas simplement fidélité à un passé, mais disponibilité à un appel entendu au cœur de l'instant. C'est à chaque instant cette ouverture du temps sur l'éternité qu'actualisent la liturgie de la Parole et le rassemblement eucharistique. Pour le théologien chrétien, aujourd'hui surtout, le Christ déborde l'humanité de Jésus. La merveille est qu'il n'est pas nécessaire de comprendre ces choses intellectuellement pour les vivre, à condition que l'Église elle-même reste à la hauteur d'une vraie pastorale d'initiation.

Cette relativisation de l'historique commence dès le début avec la communauté primitive de Jérusalem. Après la mort du Christ, c'est au Temple (les premiers chrétiens se considérant encore comme juifs) et dans les maisons privées que se sont développées les premières pratiques liturgiques. Ce n'est qu'exceptionnellement, à l'occasion des fêtes, celle de la Pâque surtout, qu'on commémorait la Passion sur les lieux mêmes, pour le bénéfice des nombreux pèlerins chrétiens[12]. Ces lieux n'étaient donc pas vénérés pour eux-mêmes. Les écrits du Nouveau Testament, dont la sobriété contraste avec les apocryphes, n'en font d'ailleurs pas mention après la Résurrection.

Mais les chrétiens s'y résignent mal, attirés sans cesse par les pièges de la «religion». On a cherché à fixer dans le visible chaque trait de l'histoire évangélique, quitte à inventer des lieux: chapelles du Couronnement d'épines (disparue), de la Sainte Prison, de la Condamnation, de la Flagellation, des Injures... Pensons encore à certaines stations du chemin de la croix, pieusement inventées. La dévotion à Marie, dotée elle aussi de lieux historiques à Jérusalem pour sa naissance, sa mort, sa sépulture, s'est détachée de l'œuvre du Christ[13]. Sans méconnaître la valeur de la religion populaire, j'ai un petit côté protestant qui résiste à sa religiosité, à son goût de la légende, à son besoin de récrire les évangiles et d'en boucher les trous, alors que plus que jamais la réalité dépasse la fiction.

C'est ici, pour circonscrire cette réalité, que l'histoire et l'archéologie deviennent indispensables à leur niveau, qui n'est pas celui de la théologie. Bien que l'opération soit déroutante pour les chrétiens traditionnels, un certain degré de démythologisation est nécessaire pour comprendre les

---

12. C'est ce canevas liturgique, semble-t-il, qui devait servir de matrice aux récits de la Passion dans les quatre évangiles, leur noyau primitif. Voir Étienne Trocmé, *L'enfance du christianisme*, Paris, Hachette, 1999, p. 44-45.

13. Cf. Marie-Thérèse Nadeau, *Quelle Marie aimons-nous?*, Médiaspaul, Montréal, 2000.

évangiles, qui *témoignent* d'une Vérité ancrée dans l'histoire[14], sans prétendre raconter cette histoire. Si le christianisme doit être au-delà du christianisme, il convient d'abord de rendre crédible sa figure historique actuelle. Entre le réenchantement du monde et le surnaturel chrétien, la sobriété fera la différence. Le Vide et l'Absence qui m'ont fasciné au désert indiquent ici encore à la raison désabusée d'aujourd'hui la direction du dépassement. Le Christ n'est pas moins au-delà du nuage de l'inconnaissance que le Dieu transcendant du Sinaï, bien qu'il soit plus incarné, totalement incarné. Les vestiges de l'Incarnation appartiennent tout entiers aux historiens. Mais le Christ est ailleurs.

«Il n'est pas ici», disent l'ange (ou les anges) du tombeau et de l'Ascension. Bien que j'éprouve un intérêt irrésistible pour la visite des lieux saints et de l'ensemble de ce pays biblique, toute ma visite se résume à en percevoir l'ambiguïté : d'une part, une nourriture pour l'imagination chrétienne, une invitation à comprendre le présent eucharistique de la foi dans la mémoire du passé inaugural, qui témoigne de l'ancrage historique d'un véritable avènement de Dieu, qui ne se compare à rien d'autre dans les diverses religions ; d'autre part, la conviction que Jésus devait quitter et a effectivement quitté les lieux déterminés où l'Incarnation devait d'abord l'enfermer, pour faire ensuite

---

14. «Ce que nous avons entendu, ce que nous avons vu de nos yeux, ce que nous avons contemplé, ce que nos mains ont touché… nous vous annonçons cette Vie éternelle.» (I Jn 1)

tomber toutes les frontières, comme Samson devait faire s'écrouler dans sa mort le temple qui le contenait encore.

Me voici donc de nouveau sur les lieux d'une Absence, celle du Christ !

Quel que doive être le sens ultime du christianisme, dont la pleine compréhension est à venir, il restera religion du paradoxe.

Le judaïsme et l'islam rejettent l'incarnation mais ramènent obstinément le sacré ici-bas, Dieu ayant partie liée avec des lieux terrestres précis, lieux saints, lieux de rencontre. Le christianisme, à l'inverse, adore un Dieu maître de l'histoire mais devenu transhistorique, qu'il ne faut pas chercher «parmi les morts». Dans les deux autres religions bibliques, le millénarisme[15] est compris littéralement comme un royaume terrestre acquis par l'épée ; pour le christianisme, les derniers temps sont les temps actuels où le règne de Dieu, règne de justice universelle, s'accomplit déjà invisiblement par la non-violence des pauvres et par la première béatitude.

Au désert du Sinaï, la présence de l'éternité au cœur du temps m'invitait à traverser le voile du temps pour rencontrer Dieu, le Tout Autre. Ici, j'ai compris que Dieu s'absente du visible tout en continuant de s'incarner jusqu'à la

---

15. Millénarisme : dans l'Apocalypse (ch. xx), règne terrestre et visible de Dieu durant mille ans, avant la fin du monde.

fin du monde, modifiant sans cesse le cours du temps d'une façon qui lui donne sens. On pourrait dire, paraphrasant saint Paul : «Je complète en ma chair ce qui manque à *l'incarnation* du Christ.» C'est ainsi que le Tout Autre est aussi le Tout Proche, dont la figure se révèle constamment autre, dans un continuel dépassement qui inscrit la mission de l'Église dans le changement.

Troublante Jérusalem. Tout le sens du christianisme s'y dévoile par son étrange inscription dans le temps. Dieu met douze siècles à la construire avant d'y descendre. Il la détruit bientôt et en sort. Ses disciples s'en échappent à leur tour, rejetés par la religion mère, et construisent ce qu'on appelle aujourd'hui le christianisme historique, héritier du monde gréco-romain qu'il a investi, et peut-être épuisé à l'heure de la laïcisation et du pluralisme.

Entre-temps, à l'âge d'or de la chrétienté, au Moyen Âge, les croyants y reviennent, tentent de s'y replier, et y préservent les vestiges qui témoignent de la venue de Dieu.

Il faut aller à Jérusalem et méditer devant ces vestiges sacrés, en se laissant interpeller par ce mélange de définitif et de caduc que présente la Jérusalem chrétienne au cœur de la grande Jérusalem et de la Palestine. Troublante par son ambiguïté : elle peut tourner mystérieusement l'esprit vers la Jérusalem invisible, elle peut aussi la cacher.

Confié aux hommes, le dessein de Dieu dans le Christ est plus vaste que ce qu'ils ont pu en faire jusqu'ici, même assistés de l'Esprit[16]. Voici que, aujourd'hui, l'idée de la particularité historique du christianisme fait son chemin, et rend problématique sa vocation à réaliser seul la récapitulation de tous et de toutes choses dans le Christ, à précontenir l'universalité du salut. L'Incarnation et le salut se poursuivent, mais nul ne sait où en est le Royaume, même s'il est bel et bien advenu, selon la formule consacrée: «déjà là... pas encore». «La venue du Royaume de Dieu ne se laisse pas observer, et l'on ne dira pas: "Voici: il est ici!"ou bien: "il est là"!» On peut penser que le christianisme est au-delà du christianisme parce qu'il y a plus dans le Christ que dans le christianisme de fait.

En repensant à ma dernière image du désert, il m'apparût alors, avec ses humbles et fortes repousses et ses animaux si vivants, avec ses voitures et ses camions, avec aussi ses pélerins et ses visiteurs, comme le symbole du christianisme, qui se refait sans cesse sous la brûlure de l'Esprit.

---

16. On peut même affirmer que le christianisme, «création collective», est sans fondateur. Jésus n'a pas prétendu fonder une religion nouvelle, et Paul prend sa place dans une communauté qui lui préexiste, non encore séparée du judaïsme. Voir Étienne TROCMÉ, «Paul, fondateur du christianisme?», dans *Aux origines du christianisme,* textes présentés par P. GEOLTRAIN, Paris, Gallimard, 2000, p. 370-399. En sens contraire, il faut lire la vigoureuse démonstration d'André PAUL, *Jésus-Christ, la rupture. Essai sur la naissance du christianisme,* Paris, Bayard, 2001.

La Galilée

Autant Jérusalem me trouble dans ma pensée, autant la Galilée me séduit dans mon imagination.

Je ne l'ai qu'entrevue, le temps d'une excursion avec un petit groupe, en compagnie de Lorraine qui l'avait déjà visitée. Mais c'était suffisant pour m'imprégner de son atmosphère, car c'est cela qui importe ici. Et, comme la température y est toujours douce, elle l'était davantage en cette année exceptionnelle.

Il aura fallu d'abord nous rappeler la dure réalité. Comme la route normale longe le Jourdain, en pleins territoires palestiniens, le détour par Tel Aviv et la Méditerranée s'imposait. Cet itinéraire nous permettait d'arriver par Nazareth, fermé après le début de l'intifada, mais désormais accessible. Encore ici, nous étions à peu près seuls, et les commerces vivant du tourisme étaient au bord de la faillite. Le temps, limité, nous obligeait d'ailleurs à nous concentrer sur le lac. Pour la Palestine moderne, le lac de Tibériade, long de vingt et un kilomètres, traversé par le Jourdain, est avant tout la principale réserve d'eau de la région, le «pétrole d'Israël», canalisé jusqu'au désert du Néguev. Le niveau d'eau était cette année inférieur de quatre mètres à son niveau habituel. On ne peut le contempler sans apercevoir l'imposant et fertile Golan, où se trouvent les sources du Jourdain, et se souvenir que la guerre est inscrite dans la figure des lieux avant même l'arrivée des hommes.

C'est là, dans le pays de Zabulon et de Nephtali, presque entièrement paganisé, carrefour des nations, mais aussi jusqu'à ce jour pays de petites gens, que Jésus, «Prince de la paix» (Is 9,5), a prêché le Règne de Dieu. «L'Esprit du Seigneur est sur moi... pour annoncer la bonne nouvelle aux pauvres.» (Lc 4,18) Le courant évangélique qualifié de radicalisme itinérant a pour cadre la verte Galilée, comme pour indiquer que ceux qui auront tout quitté pour suivre Jésus connaîtront dès ici-bas le bonheur, la lumière et la paix.

Mieux vaut commencer la visite des lieux saints par la Galilée, en relisant l'Évangile selon Luc, qui se termine par la montée à Jérusalem : «Comme arrivait le temps où il allait être enlevé du monde, Jésus prit résolument la route de Jérusalem.» (9,51) Entre la Résurrection et l'Ascension, c'est encore dans la lumineuse Galilée, selon Matthieu et Jean, que le Ressuscité achève sa vie terrestre en compagnie des siens, qu'il prépare à la mission. Ce pays devait aussi prendre une importance considérable pour le développement du judaïsme, après la destruction de Jérusalem et du Temple.

Je souhaite revenir à Jérusalem, pour me rapprocher du mystère et poursuivre ma méditation. Mais si je retourne en Palestine, ce sera surtout pour m'attarder en Galilée.

Jusqu'au xxe siècle, le paysage et les mœurs de Palestine étaient demeurés à peu près inchangés depuis les temps bibliques, sauf dans les villes, dont certaines ont connu pratiquement les mêmes vicissitudes que Jérusalem. Aujourd'hui le bouleversement est considérable, mais le pays de Jésus, ce pays qu'il aimait, moins étendu que la Galilée actuelle, a peu changé. Et il demeure bigarré à l'extrême, au point que les Juifs y sont restés minoritaires jusqu'à tout récemment.

Je ne m'habitue pas à retrouver quotidiennement dans les journaux, encore moins dans les publicités touristiques, les mots *Galilée, Judée, Samarie, Jéricho, Hébron, Tibériade, Bethléem*, comme s'il s'agissait de mots ordinaires. Parlons-nous encore de *Babylone*? Ce pays de Palestine, le seul au monde marqué d'un si énigmatique destin, n'est pas comme les autres, comme si, avec toutes ses tragiques contradictions, il avait été mis à part.

Parmi ces contradictions, si j'ose dire, j'ai l'impression que la Galilée remet en question tout ce que j'ai écrit sur Jérusalem! Me voici sur les lieux d'une palpable Présence. Si quelqu'un avait perdu la foi à Rome ou (ce qui est moins probable) à Jérusalem, il pourrait très bien la retrouver ici, où cette Présence est sans violence, même symbolique. Vraiment, Dieu y est à son meilleur!

Si la distinction classique entre le «Christ de la foi» et le «Jésus de l'histoire» a un sens, il n'y a pas de doute qu'on se rapproche, en ces lieux, de l'homme de Nazareth.

Ce n'est guère à Nazareth, toutefois, qu'on peut le rencontrer vraiment. J'y ai éprouvé les mêmes sentiments dans la moderne basilique que dans celle de la Dormition. Bien que son architecture hardie ne fasse pas l'unanimité, ses mosaïques et ses fresques envoûtent par leur luminosité. La légende situe en cet endroit la maison de Marie et une grotte de l'Annonciation, où sont dûment repérés sa cuisine, le lieu où elle se tenait, et celui où se tenait l'Ange Gabriel…

Hélas! La dure réalité est ici encore celle des religions. Arabes chrétiens et musulmans s'affrontent gentiment dans la première ville arabe d'Israël. Bien que la basilique soit située sur une éminence et domine tout le paysage, les musulmans majoritaires ont conçu l'idée, à l'occasion du Jubilé de l'an 2000, de construire sur le stationnement adjacent une mosquée qui devra la dépasser de quelques centimètres!

Le voyage en Galilée a quelque chose de rafraîchissant après la visite de Jérusalem. La Judée reflète la gravité du personnage et confirme l'image traditionnelle qui nous a été transmise, de Celui par qui s'accomplit la Rédemption. La Galilée le rend moins solennel. Le mont des Béatitudes, la colline de la multiplication des pains, avec les fleurs sauvages, les oiseaux, les vignobles qui lui inspiraient ses comparaisons ou ses paraboles, la vieille synagogue de Capharnaüm, « sa ville » (Mt 9,1), à peine différente de la synagogue primitive, au-dessous, où il a prêché, même la promenade conventionnelle sur le lac, tous ces lieux nous sont rendus, étonnamment intacts, nullement défigurés par les sanctuaires, respectueux de la nature primitive, qui en perpétuent le souvenir. Nous n'avons même pas à fermer les yeux pour imaginer, non plus l'Homme-Dieu de la théologie, mais le fils de Joseph, le gars de Nazareth pas loin, dont on connaît les frères et les sœurs; qui se révèle tout à coup une personnalité hors du commun, comme tant de personnages historiques; mais qui a encore à se faire reconnaître, parcourant villes et villages, par les petites gens de sa région, accordés d'avance à une idée différente de Dieu. Voilà que le texte évangélique se lit avec les yeux des premiers destinataires plutôt que comme une construction littéraire que les spécialistes s'acharnent à décrypter. L'épaisseur du temps s'abolit dans l'herbe des collines, le sable des plages, les petites villes et les bourgs du nord, le Jésus de saint Luc nous est rendu agréablement familier par la contagion des lieux.

Dans la religion chrétienne, l'homme est constamment en lutte avec Dieu, comme Jacob avec l'Ange. Avec raison, on parle des pierres d'attente de la révélation dans le cœur de l'homme. Mircea Eliade voit même dans ce que nous interprétons comme de l'idolâtrie dans les religions archaïques une anticipation de l'Incarnation. Mais lorsque Dieu s'incarne, l'attente «religieuse» est décontenancée, et, croyants ou incroyants, nous n'en aurons jamais fini avec le paradoxe d'un Dieu qui s'est fait homme.

La christologie s'est d'abord frayé un chemin entre les hérésies, et c'est à partir de ce noyau que s'est constituée la théologie, qui continue de se repenser aujourd'hui de façon déroutante. Ce renouvellement constant, qui reflète la Tradition vivante de l'Église, aurait de quoi étonner ceux qui voient encore la foi chrétienne à travers le prisme de la religion de leur enfance. Or c'est toujours en fonction de la christologie que la théologie continue de se développer et de se repenser.

Dans la dialectique entre la foi pensée et la foi vécue, entre la «théologie» des théologiens et la «spiritualité» du peuple croyant, les deux marchent au même pas ; aujourd'hui surtout, on peut même dire que c'est la théologie qui s'adapte à la spiritualité et à la culture, aux «signes des temps». La spiritualité chrétienne, quant à elle, oscille constamment, d'une époque à l'autre, entre des pôles. L'accent porte tour à tour sur la divinité ou l'humanité du Christ, avec des conséquences évidentes sur leur rapport mutuel.

Pour les premiers disciples, juifs pour la plupart, Jésus pouvait être le Messie, mais non pas Dieu. Il a fallu que s'approfondisse l'expérience de la Résurrection pour qu'émerge l'affirmation centrale que «Jésus est Seigneur». Les premiers chrétiens, en investissant progressivement l'Empire romain et sa culture grecque, se déclarèrent donc «athées», en rupture avec les divinités régnantes, citoyens mythiques de notre monde sublunaire, ni vraiment divins ni vraiment humains, ou empereurs divinisés.

Il n'était pas facile de comprendre le Fils de Dieu, à la fois dans ses relations avec le ciel (les deux autres personnes divines) et avec la terre (l'homme Jésus). Au Ve siècle seulement, les tensions s'apaisent. Entre ceux qui tour à tour nient ou minimisent sa divinité ou son humanité, la christologie trouve son équilibre : deux natures distinctes, deux volontés distinctes, dans l'unité d'une seule personne, divine, dont Marie est la mère. Or dans une tradition vivante, la christologie n'est jamais achevée. De nos jours, le pluralisme des religions nous force à approfondir la doctrine du Christ comme médiateur universel du salut.

Si l'équilibre est atteint dans la doctrine, il faut bien reconnaître que, jusqu'au xxᵉ siècle, l'Église, héritière de l'Empire romain, s'est réclamée d'un Chef dont elle a davantage honoré la divinité que l'humanité. Aujourd'hui, pour de multiples raisons, ce n'est plus l'humanité du Christ qui paraît évanescente mais sa divinité. Dans l'univers sécularisé d'Occident, les croyants eux-mêmes, à partir d'une expérience du monde «postchrétienne», désabusés d'un certain surnaturalisme et le regard fixé sur les «avant-derniers temps» plus que sur les derniers, sollicités par l'engagement dans un monde plus que jamais tragique, attentifs enfin au discours critique de la science, se réclament d'un Christ plus «humain», au prix de bien des ambiguïtés.

L'idée qu'on se fait, multiple, inépuisable, du christianisme, dépend de celle qu'on se fait de l'Incarnation, et celle-ci, de l'idée qu'on se fait de l'humanité du Christ. Son humanité ne va pas plus de soi que sa divinité. Il faut se défier de ceux qui l'acceptent trop facilement, au risque de ne jamais dépasser une religion conformiste et mièvre, accrochée au petit Jésus de la crèche. Il y a belle lurette que le Christ est sorti de l'enfance et de Nazareth. Sa mère elle-même a dû l'apprendre, douloureusement, comme toutes les mères, lorsqu'il eut atteint l'âge de douze ans. J'avais été grandement réconforté par cette définition d'un des meilleurs commentateurs des *Exercices* de saint Ignace (Hugo Rahner) : « Le péché est le refus du Christ comme homme. » Là est l'enjeu principal du combat entre l'homme et Dieu, qui peut durer toute une vie. Mettre son propre salut et celui de l'humanité sous la dépendance d'un autre homme devient impossible dans la mesure où le Christ n'est qu'un homme. La plupart des portraits actuels du Jésus historique[17] impliquent donc une conception du salut réduite à une idée politique, ou à un simple modèle d'autosalut déjà présent dans les autres religions.

En principe, la connaissance de Dieu passe par le Christ, plus précisément par la connaissance de son humanité. Mais si le Christ est la Voie, son humanité, on le voit dès l'Évangile, peut être un écran pour la Vérité qu'il est. Pour ma part, je puis dire que j'ai connu « Dieu » d'abord, passant à ma façon de Dieu au Christ, selon ce qu'on appelle la christologie « descendante » qu'illustre le prologue de saint Jean. Il m'a fallu ensuite chercher le Dieu de Jésus-Christ, en repartant d'en bas — œuvre de toute une vie, je le répète. Avant d'écrire « Le Verbe s'est fait chair », Jean lui-même avait rencontré en Galilée un homme qui ne s'était pas encore révélé comme Dieu, et qui, par la

---

17. Voir, entre autres, l'article de Daniel MARGUERAT, « La troisième quête du Jésus de l'histoire », *Recherches de science religieuse,* 87/3 (1999), p. 390-421. Cet article fait partie d'un dossier intitulé « L'exégèse et la théologie devant Jésus le Christ » (87/3, 1999 et 88/4, 2000).

suite, devait souvent devenir dans l'imaginaire religieux un surhomme, celui qui passe à travers les murs!

Même s'ils évoquent l'œuvre historique du Christ, qui remplit la presque totalité des évangiles, ceux-ci ont été écrits après la Résurrection pour témoigner du Ressuscité.

En Galilée, respirer et méditer sur la terre qui en préserve la mémoire était comme recommencer l'ascension vers le Dieu de Jésus Christ, en compagnie de celui que les historiens ont finalement renoncé à capter, le Jésus prépascal, le Jésus dit «historique» ou «réel», auquel, paradoxalement, il me semblait maintenant plus facile de s'apprivoiser qu'à l'Homme-Dieu.

Bethléem

À Jérusalem j'ai cherché, à Bethléem j'ai trouvé. Lequel, de la Rédemption ou de l'Incarnation, est le «signe de contradiction» (Lc 2,34) le plus dramatique? Alors que la Rédemption ne passe pas, c'est par l'Incarnation, qui inclut pourtant la Rédemption, et rejetée elle aussi, que la foi insinue et maintient sa présence dans le monde. Chacun de ces deux mystères est son propre voile, mais le monde s'est toujours risqué à jouer dans les plis du second. Derrière les mièvreries et exploitations de la fête de la Nativité, semble se cacher un piège du ciel. Sous les traits d'un Enfant, le Crucifié interdit qu'on l'oublie.

Les exégètes actuels s'interrogent sur l'historicité de la naissance à Bethléem. On en ignore d'ailleurs l'année et le jour. À supposer que Jésus soit né ailleurs, obscurément, la merveille est justement que deux évangélistes aient mis Bethléem sur la carte. Je n'en ai presque rien vu au cours de cette visite furtive, à demi interdite, mais j'ai été saisi par l'énergie du lieu demeuré peut-être le plus symbolique du monde. Si le pape avait planifié de clôturer l'année du Jubilé par une eucharistie solennelle à Jérusalem, l'intérêt n'aurait pas été aussi grand.

Certes, les religions n'ont pas manqué de s'y faire voir[18], comme les commerces de «souvenirs religieux» (aujourd'hui en faillite), mais j'ai l'impression qu'on a évité la démesure et qu'on est loin de Notre-Dame de Lourdes. Je ne puis que le souhaiter, car, vu les circonstances, certains aspects trop visibles de l'Incarnation m'ont été épargnés. Ne soyons pas trop sévères pour les rappels de la crèche, des bergers, de l'étoile, des saints Innocents, un peu partout dans la toponymie, puisque nous sommes ici à la source de la magie de Noël. L'esprit des apocryphes y a tout de même laissé sa marque, avec la maison de saint Joseph, la maison des Mages, la grotte du Lait, refuge de la Sainte Famille avant la fuite en Égypte…

Par contre, j'aurais bien aimé voir la grotte où saint Jérôme, au IVe siècle, avait fait son ermitage et traduit la Bible en latin pour les siècles à venir, la fameuse Vulgate, aujourd'hui mise à jour, que je lis encore de préférence à toutes les autres traductions.

---

18. Du côté chrétien, trois communautés, Grecs orthodoxes, Arméniens et Franciscains, se partagent la garde et les différentes zones de la basilique.

J'ai entrepris ce voyage, en réponse à l'invitation de Lorraine, malgré l'intifada et sans aucune considération du Jubilé, qui m'inspirait plutôt de l'agacement. L'idée première, avant le début des hostilités, était d'aller célébrer Noël à Bethléem. Cette idée me plaisait d'autant plus que nous avons toujours rêvé, elle et moi, de supprimer du calendrier le jour du vingt-cinq décembre, et d'échapper à la «magie de Noël» au Québec! Ironiquement, l'intifada et le Jubilé m'attendaient à Bethléem.

Cette fin de Jubilé tournait au drame. Le nombre des victimes, plus de deux mille cinq cents au moment où j'écris, était alors d'environ trois cent cinquante, pour la plupart palestiniennes, dont un tiers de mineurs, sans parler des centaines de maisons détruites ou endommagées. En mettant le pied en Israël, j'avais donc déjà renoncé à Bethléem, et jusqu'aux derniers jours nous sommes demeurés dans l'incertitude.

Durant notre séjour au désert, un violent affrontement avait fait encore trente-trois blessés sur l'esplanade du Dôme. Mais je ne l'ai appris qu'à mon retour à Montréal. La guerre en direct, c'était dans les territoires, où les Palestiniens peuvent se rendre, mais non sortir pendant les épisodes de bouclage, et où les autres ne vont que pour affaires. Bethléem, située à une petite heure de marche de Jérusalem, est un lieu stratégique, en raison de la proximité de colonies juives. Des milliers de réfugiés y revivent sans cesse leur première guerre, celle de 1948 ou de 1967.

En d'autres temps, je me serais intéressé à la longue histoire de la ville, qui s'étend de l'époque des patriarches[19] jusqu'à nos jours ; une histoire presque aussi dramatique que celle de Jérusalem, et aujourd'hui davantage encore. Les religions y ont mené leurs guerres jusqu'à ce jour. L'allure fortifiée de la basilique et des anciens couvents qui l'entourent en est un rappel permanent. Paradoxalement, au lieu biblique de la naissance du Christ, les Franciscains (qui ont la garde de tous les lieux saints du christianisme en Palestine) sont considérés ici comme des missionnaires œuvrant en terre non chrétienne. Mais, comme à Jérusalem, les chrétiens font les frais d'une guerre qui ne les concerne pas. Au reste, chrétiens et musulmans, qui sont tous arabes et honorent la naissance de Jésus, y vivent en paix.

Noël 2000 promettait d'être une fête grandiose. On avait affecté deux cent millions à sa préparation, avec célébrations aussi bien profanes que religieuses, en particulier sur la place de la Mangeoire rénovée, près de la basilique. Tout a été annulé. Durant la journée du vingt-quatre décembre, fait inouï, l'église était vide.

En principe, les visiteurs étaient admis, et bienvenus par l'Autorité palestinienne, autant de témoins des atrocités subies. La ville était cependant bouclée, et on craignait justement que l'événement ne tourne à la propagande.

---

19. On vénère à l'entrée de Bethléem le tombeau de Rachel, que nous n'avons même pas remarqué.

Or, à mesure qu'il approchait, les nouvelles étaient favorables. J'avais d'abord songé à faire appel à mon guide musulman, qui m'avait offert de m'y mener les jours précédents. Mais les choses se sont arrangées autrement. La maison où travaillait Lorraine avait organisé un transport pour son personnel chrétien, et on acceptait de me faire une place. Je me suis préparé à l'événement en assistant à une conférence du spécialiste de saint Luc à l'École biblique.

La veille encore, les véhicules n'étaient pas autorisés à entrer. Toutefois, pour ce vingt-cinq décembre de l'an 2000, les autorités des deux côtés avaient promis de faciliter la venue des pèlerins. Au poste de contrôle, les militaires israéliens ont fait mine d'inspecter un ou deux passeports, avec un sourire bon enfant.

En approchant du centre-ville, nous n'avons remarqué aucune trace de bombardement, aucun paysage de guerre. Certes, Bethléem n'a plus rien d'un village biblique comme on en voit encore en Galilée; mais, en y venant naïvement, sans préparation, ce seul nom évoquait pour moi un lieu préservé, dont la beauté, même meurtrie, défie le temps.

Le choc a été aussi grand qu'inattendu. Le drame de Bethléem, telle que nous l'avons vue, ne tient pas seulement aux bombardements. C'était comme arriver dans une ville située jadis derrière le rideau de fer. Les établissements, à proximité de l'austère basilique, étaient bas, banals et uniformes, protégés par des écrans métalliques, et les rues, étroites et désertes, à peine éclairées. La pluie poussée par le vent rendait les choses encore plus sinistres. Le contraste avec les villes juives était total. Bienheureux les pauvres?

Après avoir déniché une place de stationnement au bas d'une petite rue tortueuse, nous sommes remontés trempés vers la basilique. Une fois passée l'historique porte de pierre dite de l'Humilité, nous étions coincés dans le vestibule, au milieu d'une foule que des janissaires empêchaient de pénétrer dans l'église. Le nom d'Arafat a été mentionné, dont la femme est chrétienne. Des dignitaires ont défilé, précédés de la hallebarde, et nous avons pu enfin avancer vers l'église, après avoir franchi un détecteur de métal.

Nous nous sommes retrouvés subitement dans une des plus vieilles églises du monde, la plus sacrée de la chrétienté, miraculeusement sauvée de la destruction[20]. Ses cinq nefs étaient déjà remplies de fidèles, chrétiens de Bethléem ou pèlerins venus de Jérusalem pour la plupart, si bien que nous nous trouvions refoulés dans un bas-côté, séparés du sanctuaire par les énormes colonnes. Pendant que montait de l'abside le chant de l'office de nuit selon le bréviaire latin, j'étais subjugué par la beauté du lieu. Et pourtant, je ne voyais encore que l'antique plafond romain, restauré. Comme les médias du monde entier avaient été conviés, les puissants projecteurs mettaient

---

20. Alors que Jérusalem fut entièrement détruite par les Perses en 614, ils devaient respecter la basilique de Bethléem, pour avoir reconnu leurs ancêtres dans une mosaïque qui représentait les Mages.

admirablement en valeur les vieilles pierres du monument constantinien. La pierre blonde retrouvait sa lumière, l'église entière était irradiée, comme si elle faisait le pari d'une fête sans mesure et sans rapport avec les drames d'ici-bas. Voilà donc le paradoxe du christianisme, dont l'Apocalypse de saint Jean offre l'ultime révélation[21] : parler d'ici à partir d'un Ailleurs, au milieu de la liturgie céleste. Coïncidence du temps et de l'éternité. Utopie chrétienne de l'espérance.

Heureux les affligés, car ils seront consolés…
Heureux les affamés et assoiffés de justice, car ils seront rassasiés.
J'ai eu faim et vous m'avez donné à manger.
Il essuiera toute larme de leurs yeux ; de mort il n'y en aura plus ; de pleur, de cri et de peine, il n'y en aura plus, car l'ancien monde s'en est allé.

Mon ravissement a été interrompu par l'arrivée de Yasser Arafat, qui est allé prendre place à l'avant, en compagnie des nouveaux rois mages : les autorités civiles et municipales, la représentante du Parlement européen, un ministre belge, des consuls, des évêques étrangers, des pèlerins ayant marché pendant des mois.

---

21. On sait que le mot *apokalypsis* signifie « révélation ». Les chrétiens de langue anglaise ont conservé cette appellation, « Book of Revelation ».

Après les avoir salués, le patriarche latin de Jérusalem, Michel Sabbah, palestinien, a poursuivi la lecture de son homélie, en arabe, puis en français.

Le mystère que nous sommes invités à méditer en cette nuit sainte... est la source de notre joie, de notre force, et de notre espérance en temps de paix comme en temps de guerre...

Que nous dit maintenant ce mystère en cette nuit sainte, au milieu de notre épreuve, de nos morts, de nos blessés, de nos maisons démolies et de nos églises et de nos couvents bombardés, de nos villes et villages assiégés?... Que tous nos rapports, comme chrétiens, avec tous se fondent sur l'amour... De même que Dieu aime toutes ses créatures, nous aimons toutes les créatures de Dieu. Et l'amour du chrétien ne se limite pas au chrétien...

Ici, Dieu nous veut chrétiens, et non pas en tel autre pays du monde. Si nous vivons une guerre, une intifada, si nos maisons sont démolies, si nous sommes blessés, si nous sommes tués, Dieu nous veut chrétiens, ici, dans cette terre, dans la réclamation de la liberté, dans nos maisons démolies et dans nos villes et villages assiégés...

Nous assumons et nous aimons toute notre réalité qui est en quête de justice et de paix, même sur les chemins difficiles, une réalité arabe palestinienne, chrétienne et musulmane, et une réalité juive que nous invitons à coopérer avec nous pour la justice et la paix...

Dieu a voulu que l'année du Jubilé finisse dans l'épreuve. Pour toute grâce, pour toute épreuve, Dieu soit remercié. Car l'épreuve fait partie aussi de la grâce du Jubilé: elle nous purifie, elle nous permet de mieux voir le visage de Dieu, de mieux réclamer notre liberté en voyant le visage de Dieu dans tout homme, celui de tous nos frères et sœurs, comme dans le visage de ceux à qui nous réclamons notre liberté…

En jouant un peu des coudes, à l'occasion de la communion surtout, nous avons pu accéder à la nef centrale et suivre la liturgie de la Nativité dans un magnifique livret mis à la disposition des fidèles, imprimé en six langues modernes ; l'office était célébré en latin, et tous les chants, chantés par la foule en grégorien.

Le mystère de la Transfiguration, si central dans la spiritualité de l'Église orthodoxe, révélait tout à coup sa pleine signification. Dans l'Évangile, c'est le Christ qui apparaît transfiguré avant de subir la Passion. Selon l'interprétation traditionnelle, il n'y a pas là un miracle, mais la suspension d'un miracle permanent, sa nature divine étant habituellement voilée aux yeux humains. Et ce mystère préfigure le sort qui nous attend après cette vie. Mais dès ici-bas, certains moments de grâce viennent transfigurer la réalité. L'Église d'aujourd'hui, si peu évidente au milieu des nations, trop humaine, en pleine crise de crédibilité, à l'intérieur comme à l'extérieur, la Délaissée du prophète Isaïe, paraissait ici transfigurée, rassemblée de partout au lieu le plus sacré de la chrétienté, sur la ligne de front, en bordure du désert, entre le peuple choisi et le peuple devenu étranger, comme si sa divine nature, toujours là, devenait visible l'espace d'une nuit.

L'Église devenait vraiment le lieu d'une expérience spirituelle, et j'avais la conviction que si la foi était redonnée à l'Occident, pays de mission, ce serait à partir des pays pauvres, et surtout des pays persécutés, hélas par ceux qui les premiers avaient entendu la huitième Béatitude (Mt 5,10).

Et pourtant, le lendemain, quand je suis allé demander le texte de cette homélie au Patriarcat latin de Jérusalem, j'entendais le secrétaire expliquer au téléphone que, en raison des circonstances, la Nativité avait été célébrée dans la pauvreté, comme le premier Noël… Il est vrai que, habituellement, une partie de la foule doit suivre la cérémonie sur le parvis où elle est transmise par micro. Il m'a remis en plus une copie du *Message de Noël 2000* émis par le patriarche. Il y demandait à Dieu «d'accorder sa grâce à toute famille qui a perdu l'un des siens, à toute maison démolie, et […] à tout cœur démoli par la peur et la rancune»; il y exprimait sa compassion «pour les prisonniers politiques, qui passent leurs jours entre les privations, la torture et les grèves de la faim»; et y revendiquait passionnément la liberté pour un peuple qui est «sous l'occupation depuis trente-trois ans».

Je n'ai pas vu la grotte dite de la Nativité, dans la crypte. Il y a plusieurs grottes à Bethléem qui ont servi à l'habitation et à divers autres usages au temps de Jésus. Celle-ci ne pouvait accueillir que deux ou trois visiteurs à la fois, et la foule a dû s'effacer d'abord devant les dignitaires. Sa photo, avec l'immense étoile sur le plancher, datée de 1717, a d'ailleurs fait le tour du monde. Devant la crèche aux parois revêtues de marbre, j'aurais sans aucun doute partagé les sentiments de saint Jérôme, à supposer que Jésus ait vraiment vu le jour ici : « Ah ! s'il m'était seulement donné de voir cette crèche où reposa le Seigneur ! Mais, hélas ! par un sentiment de vénération pour le Christ, nous avons enlevé la crèche d'argile pour lui en substituer une d'argent. Combien plus précieuse pour moi est celle qu'on a enlevée ! L'argent et l'or sont bons pour les gentils ; cette crèche d'argile valait mieux pour la foi chrétienne. »

Bien qu'à un degré moindre qu'à Jérusalem, j'étais sensible au symbolisme des lieux, partagé entre ce vestige émouvant de la crypte et le rassemblement eucharistique de la basilique, combien plus émouvant.

Soudain me revint en mémoire le souvenir d'une autre messe de minuit, dans une banlieue de Port-au-Prince, en Haïti, à l'époque des tontons macoutes. J'étais le seul Blanc. La foule, massée sur le perron devant la porte, une heure avant le temps, attendait l'ouverture dans le plus grand silence. Tout à coup, une voix s'est élevée dans la nuit. Une femme, à côté de moi, disait : « Bienheureux les pauvres, car le Royaume des cieux est à eux. »

Emmaüs

De retour à Ain Karem, il me restait une journée avant le départ. Sur ma liste de lieux à visiter figurait encore le nom d'Emmaüs.

L'Évangile de Luc et les Actes des Apôtres, du même auteur, se suivent comme les deux tomes d'un même ouvrage, qu'il serait plus logique d'imprimer à la suite. L'apparition à Emmaüs, qui se termine par l'apparition aux Apôtres et le discours d'envoi, fait le pont entre les deux. Le message est parfaitement clair, il résume tout l'Évangile : de même que le Christ est *passé* de ce monde à son Père, nous devons passer du visible à l'invisible, du temps à l'éternité, au sacramentel, du Christ selon la chair au Christ selon l'Esprit, de la contemplation à l'action. Il n'est plus à Bethléem, ou à Nazareth ou à Jérusalem, mais présent eucharistiquement, partout où l'humanité se cherche et nous appelle en l'appelant.

Après avoir cru trouver le Messie en Jésus de Nazareth, «voici que deux d'entre eux faisaient route vers un village du nom d'Emmaüs, à soixante stades de Jérusalem». Ils prennent la route de la désolation. Désormais, ils sont en manque de Dieu, incurablement, et c'est à ce moment qu'ils sont rejoints par Dieu. Mais ils ne le sauront qu'après coup, comme si, à l'instar du prophète Élie, ils ne pouvaient voir Dieu que de dos (ce qui fait partie des principes du discernement spirituel), au souvenir d'une étrange joie. Alors qu'ils croyaient l'avoir perdu, ils cherchaient encore Dieu sans le savoir, sans savoir que trouver Dieu consiste dans la grâce de le chercher. Tout cela devient manifeste lorsque le mystérieux compagnon de route accepte de manger à leur table et rompt le pain. Les nombreux repas dans l'Évangile mènent à celui-ci, qui est déjà le banquet eschatologique, à demi voilé pour l'instant, pleinement manifeste dans la liturgie céleste dont parle l'Apocalypse. «Heureux celui qui prendra son repas dans le Royaume de Dieu». (Lc 14,15)

Les deux pensent encore n'avoir jamais touché de si près le Verbe de vie, mais il disparaît aussitôt, de la même façon qu'il disparaissait aux yeux de Marie-Madeleine puis des saintes femmes, et qu'il disparaîtra bientôt à la montagne de l'Ascension.

Reste la chaise vide, le Rien, et le pain rompu.

Jacob pouvait dire aussi, après coup également: «En vérité, Dieu est en ce lieu et je ne le savais pas. Que ce lieu est redoutable, il n'est rien de moins que la maison de Dieu et la porte du ciel.»

Où est donc la demeure de Dieu? Emmaüs ajoute à la réponse du petit catéchisme d'autrefois: «Où est Dieu? — Dieu est partout.» Le mariage du visible et de l'invisible, du temps et de l'éternité, s'accomplit partout.

Emmaüs n'est pas un lieu où l'on va, il est un lieu que l'on quitte. Pour ceux qui visitent les lieux saints, ce devrait donc être le dernier. Mais si le message d'Emmaüs est de repartir toujours, faut-il aller à Emmaüs? Je n'y suis pas allé. Ici encore, deux villages, à quelques heures de Jérusalem, se réclament du site biblique, et sans doute n'aurais-je rien vu de plus qu'une route de bitume, comme celle qui va de Jérusalem à Bethléem.

～

La route n'est donc pas terminée. Ce n'était qu'un relais. Les deux repartent annoncer la Résurrection, c'est-à-dire l'Eucharistie.

Il leur a fallu passer par la déception, qui est au cœur de l'expérience chrétienne, car elle seule permet le dépassement. Les Juifs d'autrefois (et même d'aujourd'hui) ne vivaient que pour la Terre promise, portés par une espérance, principe d'un continuel dépassement. Bien des chrétiens, quant à eux, se croient arrivés et attendent que les autres les rejoignent! Le détachement est le prix d'entrée du Banquet des derniers temps.

3

LA CITÉ SÉCULIÈRE

ou la rencontre de l'Esprit

EN ARRIVANT À PARIS, que je n'avais pas revu depuis trente ans, sauf en transit, je fus accueilli par la publicité d'Eilat dans le métro! Comme si, après avoir tourné le dos à Eilat pour entrer au désert, il me fallait y revenir! Tel fut bien le sens de cette dernière étape de mon voyage, même si c'en fut la première idée.

Durant le voyage en Terre sainte, je ne m'étais jamais considéré comme un «pèlerin». Mais, en mettant le pied en France, j'avais l'impression de retomber dans la vie «ordinaire» après une retraite! Et pourtant, j'avais le sentiment d'une étrange continuité, comme si le désert et Jérusalem, symboles des deux Testaments, devaient obligatoirement être dépassés en direction du monde présent, autant pour en recevoir le message que pour y porter celui du désert et de Jérusalem.

La fin de mon séjour passé à Paris avait coïncidé par hasard avec les événements de mai 68, après trois années d'étude éprouvantes. J'envie ceux de ma génération qui arrivaient à combiner la préparation d'un degré universitaire avec l'insouciante vie d'étudiant dans la plus belle ville du monde. Souvent, d'ailleurs, on est d'une curiosité insatiable pour les villes où l'on passe, mais on ne voit pas celle où on habite. C'est en les faisant visiter à des amis québécois de passage que j'ai connu bien des coins de Paris, enfermé que j'y étais dans mon travail le reste du temps.

De surcroît, à cette époque, j'étais très «religieux», avec tout ce que ce mot peut avoir d'ambigu, au point de minimiser les valeurs terrestres et tout ce que l'homme a pu ériger, non seulement à sa propre gloire, mais à celle de Dieu (je faisais toutefois une exception pour l'art roman). Même l'incroyable jaillissement de la culture ne m'émerveillait pas autant que je l'avais prévu. De l'intérieur, cette culture où plongeaient nos racines me paraissait réduite à l'état d'habitude, et je me disais que les Français ne pouvaient connaître comme nous la ferveur qui tient à la vive conscience d'un manque. Peu importe, il me paraissait évident que nous avions toujours besoin de nous alimenter à la source européenne, ce qui à cette époque n'était pas remis en question.

J'avais donc besoin de revoir Paris et la France, de renouer avec ce passé, de le revivre, et en somme de le refaire. À mots couverts, je parle ici de réminiscence, un thème important dans l'œuvre de Newman, l'auteur sur lequel portait justement ma recherche. On peut dire que le passé n'existe pas, ce qui en un sens est évident, puisque n'existe que le moment présent. Il continue pourtant d'exister, non pas en tant que passé, mais en tant que faisant partie de notre présent, qui récapitule toutes nos expériences passées. Lorsque nous l'évoquons, cependant, il reste inaccessible, car plus ou moins consciemment nous le réinterprétons sans cesse selon la grille de notre présent. Le fait brut peut subsister, attesté par des documents (simples *vestiges…*), mais son sens est celui que nous lui donnons aujourd'hui, certains que c'est le même. Un récit comme celui-ci, par exemple, est un acte de réminiscence.

La réminiscence n'est pas sans rapport avec le discernement spirituel, dans la mesure où notre présent s'ouvre aux inspirations de l'Esprit. Parfois une compréhension nouvelle de notre passé nous apparaît comme une véritable révélation, qui nous le fait découvrir comme donnant le sens de notre avenir. Lors d'un séjour dans un monastère bénédictin en France, je suis tombé par hasard sur un petit livre écrit par un des moines sur le discernement spirituel. On y insistait justement sur une constante du discernement, lequel n'opère qu'après coup, nous permettant de voir

Dieu «de dos[1]». De même, dans la doctrine ignacienne du discernement, celui-ci doit toujours être confirmé après coup.

~

J'ai revu Paris comme je voudrais l'avoir vu jadis. Je redoutais ce rendez-vous, sachant que Paris avait beaucoup changé. Déjà, dans les années 1960, la vieille dame chargée de la billetterie à l'Odéon, qui avait connu la Belle Époque, me disait tristement que ce n'était plus le Paris d'autrefois. Dans les journaux, le débat sur la modernité envahissante était de saison : les uns mettaient en garde contre ses pièges, à quoi d'autres répliquaient qu'il faudrait peut-être commencer par y entrer ! Eh bien, c'est fait !

On a bien raison de déplorer l'engouement des Français pour tout ce qui est américain, et pourtant s'américaniser à l'européenne reste bien différent d'être américain à l'américaine.

Malgré tout, malgré surtout l'accroissement de la population, et même si je n'ai pas retrouvé le pressing de la rue de Rennes avec ses fers chauffés au feu, Paris ne m'a pas semblé tellement changé, si ce n'est pour le mieux (sauf, hélas ! le vieux Paris autour de la Huchette). Je le trouvais aussi féerique, alors que je passais et repassais, m'égarant avec délices par les mêmes rues qu'autrefois.

---

1. Cf. Ex 33,18-23, où Dieu consent à se montrer à Moïse, mais de dos.

Souvent, ce qui agaçait le reste du monde, comme la four-milière qui sort de terre à la brunante, même en fin de semaine, me ravissait. On n'entendait parler que du temps maussade qu'il faisait en France cette année-là mais je pré-férais ce pays réel au Paris des cartes postales. Même si on était au temps des Fêtes, ce n'était pas encore le déferle-ment touristique de la belle saison.

Ce n'est pas seulement à cause de cette familiarité avec les lieux que je me sentais tout à fait chez moi. Je sais que ce ne peut être tout l'un ou tout l'autre, mais, dans le débat qui a cours au Québec, je suis de ceux qui sont et se veulent plutôt européens qu'américains. J'ai éprouvé le même sentiment dans des villes que je ne connaissais pas encore, comme à Lyon. Je n'en finirais plus de détailler les sensations et les connivences qui renforçaient en moi l'impression de me retrouver sur les lieux d'une existence antérieure ! Je me demande comment on peut manger en France pendant un mois et rester américain ! Chaque res-taurant ici cherche à se distinguer du voisin, alors que, si on excepte les établissements haut de gamme, tous les res-taurants ordinaires dans mon pays se conforment à la liste des douze plats, plus proches du *fast food* que de la vraie cuisine, acceptés par tout le monde. Comme on était en pleine saison des Fêtes, partout les décorations me parais-saient distinguées et originales, en particulier celles des confiseries et chocolateries. Nos dentelles électriques, qui de plus en plus pendouillent douze mois par année aux toits des commerces et des résidences, ne pourront jamais s'acclimater ici. Quand je vois des Européens, parmi eux des écrivains et des artistes, s'enticher de Montréal, qui ne manque pas de côtés bizarres et amusants, cosmopolite et rieuse dans sa gadoue, je me dis que chacun peut être exotique pour d'autres.

Je regrettais d'avance la disparition des vieilles Halles, dont je savais qu'on n'avait conservé que le nom. Or j'ai pu voir que, si nous avons inventé le concept urbain de la vie souterraine[2], c'est ici qu'on en a inventé le mode d'emploi.

Je suis donc devenu très partial, méconnaissant volontairement l'énorme créativité québécoise, qui ne rejoint pas nécessairement l'homme de la rue entre le métro du matin et celui du soir, sachant que la question refoulée est : pour ou contre le nivellement par le bas. Je n'envie pas pour autant la hiérarchisation de la société française.

Toujours sensible au symbolisme des choses, je n'ai pu m'empêcher de remarquer avec amusement que, bien souvent, les horloges étaient arrêtées au fronton des grands monuments nationaux (comme la Sorbonne, l'École normale supérieure, le Collège de France). Il est vrai qu'on était en vacances, mais j'avais l'impression que là aussi une sorte d'éternité continuait d'imprégner des vestiges qui,

---

2. À l'époque de mon premier séjour à Paris, j'avais lu dans *Le Figaro* qu'il faisait si froid au Canada qu'on est obligé d'y vivre sous terre !

contrairement à ceux de la Terre sainte, étaient restés vivants. Une forme de *transcendance* s'y révélait. Aux yeux de la foi, Vatican II en a pris acte, le Royaume de Dieu s'accomplit aussi par la culture, soulevée par une aspiration vers le haut, au milieu d'efforts dispersés.

Les chrétiens aiment bien paraître ouverts à l'égard de l'incroyance, ne manquant jamais de souligner les valeurs d'humanisme qui se manifestent dans l'athéisme. Certes, la culture est une œuvre commune, redevable également aux croyants, dont l'apport au cours des siècles a été grandiose ; mais dans la mesure où les incroyants y investissent une « foi » égale, leur motivation ultime et la nature de cette « foi » font problème pour ceux qui voient en Dieu l'ultime Raison de tout. Ces « vestiges » d'une culture passée, en majeure partie profane, dont l'élan n'est jamais tari, et cette permanence de l'humain m'imposaient tout à coup une admiration que je n'éprouvais pas autrefois. Pour ceux qui ne sont pas animés par une foi religieuse, la vie a forcément un sens aussi, faute de quoi leur dynamisme deviendrait absurde, mais il me semble que ce sens ne vient pas de la raison, même s'ils s'appliquent (comme les croyants eux-mêmes) à justifier au moyen de la raison ce qui ne vient pas d'elle. Ils travaillent avec le sentiment que ce qu'ils font a un sens informulable et une solidité qui tient de l'absolu, un absolu que, au gré des croyants, ils n'arrivent pas à nommer clairement. Pour les croyants, en effet, l'absolu n'est jamais assez absolu. Selon la belle expression de Jacques Scheuer, théologien réfléchissant sur les rapports du christianisme et de l'hindouisme, «chacun est prisonnier du regard de l'autre». Pour l'incroyant, la foi tient de la crédulité et d'une mentalité préscientifique, incompatible avec l'autonomie de l'homme. De son côté, le croyant, pour être honnête, ne peut essayer de comprendre l'incroyant et ses œuvres que par leur rapport au Dieu auquel il croit, et donc par une forme de présence de Dieu en eux et par eux. Tous sont associés à un obscur travail d'incarnation qui se poursuit dans l'ensemble de l'histoire, et dont la figure nous échappe. Il importe d'accepter cette différence des points de vue et de ne pas la gommer par des dérobades, afin de garder ouvert le dialogue, qui seul permet à chacun de se repenser.

> Une maladie nous aveugle tous : celle de l'identité. Elle consiste à refuser le fait de la différence. […] La peur des autres ou la crainte d'être différent devient intolérance. Un impérialisme social de l'identité tend à s'instaurer, qui serait le règne de la tautologie : sur le mode de ne pouvoir s'accepter différent, chaque chrétien ne supporterait que sa propre image de la vérité, de sorte que tout le monde devrait dire ou être la même chose. Dès lors, tous les moyens sont bons. Le dialogue avec l'incroyant permettra de résorber des oppositions sous le verbalisme, passablement écœurant, de bons sentiments communs et de formules anodines. Une théorie de l'implicite fournira aussi la garantie, toute superficielle, qu'il n'y a chez les autres rien (à attendre ou à craindre) que l'on ne sache déjà : manière de se donner à bon compte, avec le brevet de l'altruisme, la

sécurité de rester en soi-même jusqu'en ces profondeurs invérifiables où autrui serait moins conforme à ses dires qu'aux nôtres[3].

Ces quelques lignes sont de Michel de Certeau (jésuite décédé en 1986), brillant théologien à la pensée déstabilisatrice, dont l'influence ne cesse de grandir[4]. Comme j'apporte toujours de la lecture en voyage, j'avais mis dans mon sac les actes d'un colloque sur cet auteur, que je voulais aborder depuis longtemps. Même à Paris, y compris dans les librairies d'occasion, ses œuvres étaient pour la plupart introuvables. Au retour, j'ai continué à le fréquenter tout en écrivant ce texte, car je me sentais jusqu'à un certain point confirmé dans l'élaboration de certains thèmes, qu'il développait à sa manière, en dépassant de beaucoup mes modestes intuitions. Comme son œuvre est de lecture difficile, je ne prétends aucunement l'interpréter fidèlement, mais je dois reconnaître son influence.

La citation précédente s'inscrit dans une thématique plus vaste, dominée par la hantise de *l'autre*. Cherchant à rendre le christianisme pensable dans une société postchrétienne,

---

3. Michel DE CERTEAU, *L'Étranger ou l'univers dans la différence*, Paris, Desclée de Brouwer, 1991, p. 179.

4. Bien qu'il se soit imposé comme théologien inclassable, il fut avant tout un historien de la mystique, et un analyste des pratiques sociales et, en général, de toute la culture de son temps.

la parole du non-chrétien lui paraît essentielle à la prise de conscience du christianisme en son devenir.

~

Je ne pouvais qu'être frappé par son insistance sur le thème de l'absence du Christ qui, au désert puis à Jérusalem, s'était imposé à ma méditation devant les vestiges de Dieu. «Seule, son absence, écrit-il, donne le sens de sa présence.» Mais s'il y a aussi une théologie négative du Christ, et non seulement de Dieu en général, c'est que le mystère du Christ est enrobé dans celui de Dieu. Il nous faut d'abord prendre conscience de la transcendance de Dieu, se rendre compte, dans l'acte même de le chercher, que Dieu est au-delà de Dieu :

> C'est quelqu'un ou quelque chose qui n'est pas déterminable, qui ne peut pas être détenu, qui n'est pas surmontable. À cause de cela, on peut l'appeler l'au-delà, mais cet au-delà n'est pas plus en haut, ou plus en bas, ou plus à droite, ou plus à gauche. Il est l'au-delà parce qu'il est toujours *plus loin* que là où nous le cherchons. Nous ne pouvons le saisir nulle part, mais nous apprenons qu'il est *infini* par la marche *indéfinie* qui le cherche après l'avoir reçu ou qui l'appelle après l'avoir perçu. L'infini pour nous, c'est l'esprit de cet itinéraire indéfini. Nous ne pouvons jamais circonscrire dans nos concepts, dans notre affectivité, dans

---

5. M. DE CERTEAU, *L'Étranger,* p. 7. L'intérêt de ce volume, le seul que je citerai, est qu'il est formé d'un recueil d'articles s'échelonnant sur plusieurs années.

notre expérience commune ou solitaire celui qui, par définition, est au-delà[5].

Nous avons appris que Dieu est immuable. De là la tentation de le tenir une fois pour toutes, et d'exprimer cette saisie définitive dans une doctrine définitive, une définition définitive, des images et des mots définitifs. Mais, si nous avons dressé depuis longtemps le catalogue complet des erreurs sur Dieu : athéisme, agnosticisme, panthéisme, polythéisme, nous avons laissé tomber la plus ancienne, la seule dont se préoccupe la Bible, l'idolâtrie, qui nous paraît désuète, apanage des peuples primitifs. Dans la mesure où elle consiste à se mettre à l'abri du Tout Autre, c'est la plus pernicieuse, car, comme croyants, c'est la nôtre ! Dieu est immuable mais ne peut se communiquer à nous immuablement. Les signes historiques de sa présence, institutions de tous ordres, comme le Temple et les autres manifestations de la religion, ne valent que pour un temps. Il faut les *dépasser*, souvent de force et non sans les avoir *assumés*. Réduits à l'état de vestiges, ils sont à la fois précieux comme jalons, et dangereux si on les croit toujours habités et qu'ils nous enchaînent au passé. La photographie des galaxies nous montre ce qu'elles étaient il y a des milliards d'années, mais nous n'avons aucune photo de ce qu'elles sont aujourd'hui, si elles sont encore. Et pourtant, tout ce que nous en savons, y compris leur comportement futur, tient à ces photos, qui sont des vestiges. Dieu, à la différence, se communique dans le présent, mais la caméra ne peut l'immobiliser avant qu'il ne soit ailleurs.

Si c'est dans le Christ que Dieu nous est donné, Jésus, on peut l'affirmer a priori, doit présenter dans l'Évangile même cette contradiction, qui exaspère les critiques rationalistes, d'être toujours et en même temps accessible et inaccessible, donné et dérobé, autant pour ses contemporains que pour nous. C'est là, il me semble, la «preuve» la plus intéressante, ou à tout le moins le signe et l'insinuation de la divinité du Christ, qu'on doit pouvoir reconnaître ou refuser en toute liberté.

Au moment même où la fidélité à Dieu est enracinée par le Christ dans le sol d'une expérience humaine, un paradoxe opère partout *un travail négatif* nécessaire au dévoilement de l'union [dans la différence]: Jésus est de ce peuple, et pourtant il est d'ailleurs; il est égal au Père, et pourtant il lui est soumis; Israël est l'élu et pourtant les autres le sont aussi. Une équivoque constante, dans les dialogues de Jésus, maintient également sa différence par rapport à ses interlocuteurs. Il est l'un des leurs, mais il est autre. Une distance fait éclater le sens: sous la forme de l'événement miraculeux, de ses questions indiscrètes ou de ses discours durs à entendre, il restaure perpétuellement l'altérité comme l'élément qui donne son sens véritable à la relation.

Il est venu, il apparaît, mais il disparaît en chacun des épisodes racontés par l'évangile de Jean. Il ne peut être ni saisi ni retenu. Impossible de le localiser. Alors même que, par sa mort, il s'est lié pour toujours, il échappe aux mains hostiles ou affectueuses qui voudraient le garder captif. Sa disparition — sa mort, puis son ascension — est nécessaire à l'intelligence de sa venue. *Seule, son absence donne le sens de sa présence*[6].

Ce que j'appelle *assumer-dépasser* implique une continuité avec le passé, en même temps qu'une discontinuité, une ouverture qui fait que notre fidélité sera plus que souvenir, répétition, simple préservation du passé. Le même ne peut se maintenir qu'en changeant. Il s'agit en l'occurrence de bien plus que d'une simple loi de la vie : il s'agit d'une volonté fondamentale du Christ lui-même. Sa mort n'est pas la catastrophe appréhendée, mais ce qui doit permettre un autre mode de vie, eucharistique, qui ne peut pas plus être figé que le premier, celui de son apparition en Palestine[7]. Le Christ, en mourant, s'arrache même aux siens, et s'évade de la religion qui revendique sur lui un droit de propriété absolu. Il émancipe les siens pour les élever à la hauteur de leur mission : «C'est votre intérêt que je parte» (Jn 16,7), «Celui qui croit en moi fera, lui aussi, les œuvres que je fais ; *et il en fera même de plus grandes*» (Jn 14,12). Nous ne faisons que commencer à mesurer tout ce que cela implique pour le christianisme et pour l'Église, toujours au-delà d'eux-mêmes.

---

6. *Ibid.*, p. 174s. Le dernier souligné est de moi.

7. «L'événement de Jésus, écrit un des interprètes de la pensée de Michel de Certeau, n'est devenu l'événement fondateur du christianisme que par l'acte de Jésus de s'absenter de l'histoire, il est origine parce qu'il nous manque et nous manquera toujours.» (Joseph MOINGT, «Une théologie de l'exil», dans *Michel de Certeau ou la différence chrétienne*, sous la direction de Claude GEFFRÉ, Paris, Cerf, 1991, p. 140.)

Ce que j'ai dit jusqu'ici du discernement spirituel et de la réminiscence concerne la conduite personnelle du chrétien le moindrement soucieux d'intériorité. Mais le discernement, ouverture à l'Esprit, présente aussi une dimension communautaire, qui seule permet à l'Église d'être continuellement au-delà d'elle même :

> Nul d'entre nous n'ignore ces moments quelquefois secrets, et élucidés longtemps après qu'ils se sont produits. Des événements nous bougent, qui nous changent et dont nous nous rendons compte longtemps après. Peut-être y a-t-il là un des aspects les plus caractéristiques de l'Évangile : les disciples, les apôtres, les témoins ne cessent de comprendre après coup ce qui leur est arrivé. Le sens et l'intelligence viennent après l'événement comme l'audition du coup suit la vue du geste de frapper. Il y a un retard de l'*entendre*.
>
> Dieu passe et on ne le reconnaît que «de dos», nous dit la Bible, c'est-à-dire quand il a passé, après coup — cet *après* pouvant être le fait de la durée ou le fait de la vue, du retard de la perception ou de la distance, d'un éloignement nécessaire à la conscience. Ceci figure sans doute le rapport entre la venue de Jésus — un moment — et l'ensemble de l'histoire[8].

Après la mort et l'Ascension, nous ne connaissons plus le Christ «selon la chair» mais en nous ouvrant à son Esprit. Dès la Pentecôte, l'Église elle-même commence à se repenser par la rencontre de *l'autre*. À ce moment,

---

8. M. DE CERTEAU, *L'Étranger*, p. 4.

l'autre était le Gentil, c'est-à-dire nous. Saint Paul décrit cette innovation, refusée par les Juifs et par la première communauté chrétienne de Jérusalem, comme «le Mystère tenu caché depuis des siècles en Dieu».

On présente parfois le christianisme comme une religion orientale s'étant développée en Occident, et on se demande alors ce qu'il serait devenu s'il était resté oriental. Mais il a été prêché à des gens qui parlaient grec, dans le cadre de l'Empire romain dont certains étaient citoyens, qui prenaient leurs notes en grec et qui rédigèrent tout le Nouveau Testament en grec[9]. Ce sont eux qui ont sorti le christianisme du judaïsme. Parce qu'il a toujours été occidental, pour le mieux et pour le pire, nous interprétons le crépuscule de *ce* christianisme comme la fin *du* christianisme.

En s'absentant de l'histoire, en dérobant l'origine, réduite à l'état de vestiges, le Christ s'est en quelque sorte placé «au-dessus» du christianisme sorti de lui, avec sa particularité historique, l'ouvrant dès le début à des avenirs encore inconcevables. Pourtant bien enraciné, il apparaît dès lors en partie délesté de son enracinement terrestre et davantage enraciné dans le Christ éternel et transhistorique.

Le christianisme à venir, toujours au-delà de lui-même, continue d'obéir à la même loi, le choc de l'autre. Ce sont ces différentes figures de *l'autre* dans la planète moderne

---

9. Voir A. Paul, *Jésus Christ, la rupture.*

qui hantent l'œuvre théologique de Michel de Certeau. Parmi celles-ci, le défi du pluralisme religieux est devenu incontournable, et on sait que tout n'est pas clair. Mais cet autre défi n'est pas moins redoutable : la rencontre de l'homme de la modernité, qui a déjà pris ses distances avec l'Église.

Pour saisir le sens de ce dépassement du christianisme historique dans la continuité, de Certeau insiste sur la rupture inaugurale du christianisme : «Ce que Jésus révélait de lui-même par la *rupture* qu'opérait sa *fidélité* même à la tradition vétérotestamentaire, il l'accomplit dans l'Ascension qui le sépare des siens. Il ne s'absente que parce que cette sorte d'absence est nécessaire à sa venue[10].»

J'ai été stimulé, en écrivant ce récit, par un autre théologien, le père Claude Geffré, o.p., un ami de Michel de Certeau, et qui a subi son influence. Comme il est toujours vivant, il dérange. J'avais déjà apprécié ses travaux sur la sécularisation. C'est à ses deux ouvrages déjà cités[11] que je me réfère surtout sur le thème de la foi et de la Tradition vivante comme réinterprétation continue, commandée par l'expérience du présent, à l'encontre de tous les fondamentalismes (dont celui de bien des historiens), et sur le thème du pluralisme. Mais c'était aussi la ligne de fond des livres de Michel de Certeau[12].

10. M. DE CORTEAU *L'Étranger,* p. 41.

11. Voir p. 76, note 19 et p. 85, note 22.

12. «Chaque génération doit entreprendre l'exégèse spirituelle des témoignages antérieurs, les Écritures incluses, au nom d'une expérience nécessairement nouvelle» (M. DE CERTEAU, *L'Étranger,* p. 178.)

Ainsi mes lectures à Paris étaient-elles en convergence avec mes notes de voyage sur le Tout Autre, sur l'absence de Dieu et du Christ, sur religion et foi[13], etc., mais en même temps, elle les dépassaient, me tirant vers l'avenir.

En ajoutant cette étape française à ma visite des lieux saints en Égypte et en Israël, mes objectifs n'étaient pas que culturels.

Sur le mode de l'Absence, une sorte de logique non calculée, que je souhaite être celle de l'Esprit, m'avait ouvert un certain chemin à travers l'Ancien puis le Nouveau Testament. La même logique ouvrait sur une autre Absence, celle de Dieu dans notre société (occidentale) sécularisée. Absence relative, bien sûr, car on sait par la foi que Dieu continue toujours de se dire, en silence, sous des formes inédites à déchiffrer. Ce défi concerne d'abord l'Église.

Parce que l'Église qui m'intéresse est la mienne, celle du Québec, j'avais des raisons de préférer poursuivre cette méditation en France. Ma méthode, simple voyageur, serait

---

13. «Disons, dans une perspective d'histoire comparée des religions — mais peut-être cela apparaîtra-t-il comme un propos trop apologétique —, que le christianisme en effet est plus ou moins qu'une religion, dans la mesure où il se définit davantage comme esprit et comme exigence de dépassement que par des objectivations d'ordre dogmatique, d'ordre institutionnel, d'ordre sacramentel. Il reste qu'il importe de lui reconnaître une identité… Il est inséparablement une foi et une religion.» (C. GEFFRÉ, *Profession théologien*, p. 227.)

forcément la même que durant les étapes précédentes, en prenant pour boussole mes sensations et mes impressions immédiates. Outre que le fait de me trouver dans un pays étranger permettait plus de recul, ce choix présentait des avantages évidents, en raison des liens historiques du Québec avec la France.

Au point de vue religieux, le Québec est à bien des égards un cas particulier dans le paysage de la modernité. Paradoxalement, bien que minoritaire et culturellement menacé dans l'ensemble canadien, il a pris ses distances avec sa mère patrie beaucoup plus que le Canada anglais avec la sienne ! Contrairement aussi au reste du Canada, il proclame et affiche de plus en plus son américanité, dans le cas des générations montantes surtout, mais, sur le plan religieux, il ne reçoit à peu près rien des États-Unis, encore moins du Canada anglais.

La Révolution tranquille, qui coïncidait par hasard avec Vatican II, a été une révolution religieuse. La brusque ouverture d'une société contenue longtemps dans l'enceinte de la chrétienté préconciliaire a été vécue comme un rejet du verrou de la foi par les élites. La montée de l'individualisme et de la culture de consommation, la projection de l'homme du xxᵉ siècle dans l'extériorité, bref l'invasion de la modernité n'a donc jamais été vraiment soumise à une réflexion religieuse, sauf en fonction de l'adaptation requise de l'Église.

La seule chose, peut-être, qui subsiste de l'ancienne Église québécoise, outre un vieux fond de valeurs humaines nourries par le christianisme, est l'anti-intellectualisme du clergé et la passivité des fidèles, mélange d'adaptabilité, de tolérance et d'accueil, d'optimisme et d'attentisme, qui fait partie de l'âme québécoise elle-même. Selon un sondage paru il y a quelques années, les Québécois forment d'ailleurs «un peuple postmoderne, à un degré atteint par peu d'autres sociétés au monde».

Aux États-Unis et en Europe, la sécularisation, qui n'est que la dimension religieuse de la modernité, a été vécue comme une longue expérience de maturation, alors que, au Québec, elle a été intégrée à une crise d'adolescence. D'où sa radicalité (tranquille!).

Ce qui m'intéresse ici, ce n'est pas tant le phénomène général que le manque de créativité de l'Église québécoise. La créativité québécoise éclate dans toutes les directions, sauf en théologie et en sciences religieuses. Nous avons des penseurs chrétiens, mais il n'y a pas une théologie québécoise. Certes, la pastorale ne manque pas de bras mais un peu d'imagination. Exemple : alors que, après le concile, les Églises latino-américaine, africaine, haïtienne, asiatique, se sont donné des répertoires liturgiques riches et originaux, nos paroisses en sont encore souvent réduites aux rimettes «rétroprojetées» devant une assemblée passive. Le spectacle est à peu près le même partout : une animatrice fait mine de soulever un peuple qui refuse de chanter, et dont le silence est couvert par le son de l'orgue! Le chant est parfois remplacé par une cassette, contrôlée de l'autel. J'ai déjà été accueilli au rassemblement paroissial par un air de *Carmen*! J'ai aussi eu droit à une interprétation de *Green Sleeves* en pleine célébration eucharistique !

Déstabilisée, l'Église s'est rendue sympathique par sa discrétion. Disons à sa décharge qu'il était bien difficile de trouver le ton juste. Mais elle donne l'impression qu'elle a tout à recevoir et rien à inventer. Pour l'instant, elle est branchée sur Rome et les requêtes de la société séculière, essayant de faire le pont entre les extrêmes. La pensée théologique dominante est celle de la théologie de la sécularisation, et la pastorale se concentre sur le social.

À cause de la communauté de langue, elle reçoit beaucoup aussi de l'Église de France, mais l'influence se fait sentir surtout au niveau de la vulgarisation.

Il n'y a jamais eu d'hérésies au Québec, et pour cause ! Non plus que d'intégrisme, au vrai sens du mot. Il y a beaucoup de générosité, beaucoup de ce qu'on pourrait qualifier d'« évangélique implicite ». Il y a beaucoup de bonnes choses, les gens « écoutent leur corps », mais il en manque quelques-unes, dont l'adoration.

J'étais donc d'autant plus curieux de voir comment les choses se vivaient en France, et je me proposais en particulier de connaître des lieux porteurs d'avenir pour le christianisme.

En causant avec un prêtre et un père lazariste, je disais que je voulais reprendre contact, après nombre d'années, avec la foi des Français, et que j'étais à la recherche de lieux prometteurs pour le christianisme de demain. Le Québec, disais-je, est pour l'heure le pays le plus déchristianisé que je connaisse. Le prêtre a répondu, souriant un peu, que tout le monde aujourd'hui dit cela de son pays. Les Français eux-mêmes se montrent très sévères pour le leur. Mais je maintiens ma façon de voir. Tout dépend, en effet, des critères utilisés. Le résultat sera bien différent, notamment, selon qu'on compare un pays avec lui-même ou avec un autre.

Quand on compare le Québec avec lui-même, c'est-à-dire avec son passé, on est frappé du changement radical opéré en un temps si bref. Couper un plant jusqu'à la racine peut être nécessaire à sa régénération, comme on le fait à l'automne ou au printemps avec les vivaces. Mais il faut pour cela qu'il ait des racines. Celles du Québec sont bien courtes, si on le compare aux «vieux pays». On pourrait en dire autant de beaucoup d'anciennes colonies dans le monde; si elles se sont affranchies de la mère patrie, elles ne se sont pas pour autant coupées d'elles-mêmes. Des amis français devenus québécois me demandent parfois pourquoi nous avons biffé de notre culture certaines valeurs, comme par exemple celles de la paysannerie, qui se sont conservées dans les pays européens. La réponse, je crois, tient dans la nature de la religion: quand la révolution est religieuse, elle emporte tout.

Évidemment, la nôtre s'explique et se justifie, puisque nous étions asservis par l'Église, devenue le rempart de la culture contre le conquérant, à une époque qui en était une de chrétienté. Aujourd'hui, j'ose dire que je suis de ceux qui aimeraient remonter le cours du temps et revenir en arrière, non certes par nostalgie de l'ancienne chrétienté, mais simplement pour nous retrouver encore à l'heure des choix, et prendre le temps de bâtir notre propre figure de la modernité. Jusque-là proverbialement conservateurs, nous jugions avec condescendance le «conservatisme» des Français (pour maintenant dénoncer leur engouement pour tout ce qui est américain!).

Malgré la tendance au nivellement à l'ère de la mondialisation, je ne crois pas que la même situation soit vécue de façon similaire d'un pays à l'autre, car cela dépend beaucoup de leurs racines. L'universalisme lui-même sera bien différent, selon qu'il s'agira de l'âme québécoise, européenne, états-unienne ou autre. Je renvoie à de plus compétents sur le sujet, et reviens à mes modestes impressions de voyage sur les aspects religieux qui m'intéressent.

Si je nous compare maintenant avec la France, je crois apercevoir deux différences, dont la première est évidente, et la seconde, non moins importante. Elles se rattachent en gros aux deux dimensions de la foi: d'une part, un ensemble de positions *intellectuelles*, faites de croyances, de doctrines, thématisées par la théologie et qui servent de référence pour juger du reste; d'autre part, une *expérience*, personnelle et collective.

La première différence est que, malgré l'autocritique des intellectuels catholiques, il existe et existera toujours en France de fortes intelligences appliquées à penser le destin du christianisme et de l'Église. Inutile de multiplier les exemples : les livres, les périodiques, et même les journaux continuent leur jaillissement, et les intellectuels catholiques, nombreux et de tendances diverses, sont présents dans les débats de société. Le christianisme lui-même, face à la laïcité, est objet constant de débat entre intellectuels de toutes tendances, et le ton du débat reste élevé.

Quand on s'interroge sur le problème de la spécificité chrétienne, la définition échappe toujours, mais souvent ce qui ne peut pas être défini d'une façon abstraite peut être illustré par des exemples convaincants. Nous faisons beaucoup de vulgarisation, nous faisons beaucoup de pastorale (à partir de slogans mal digérés, comme « trouver de nouveaux langages », « rejoindre l'homme d'aujourd'hui », etc.) mais, après quatre cents ans, une revue comme *Études* est encore impensable au Québec, alors que nous avons rattrapé le reste de la planète dans les autres domaines (sauf la philosophie ?). Pouvons-nous imaginer la tenue d'un colloque à l'Université du Québec à Montréal sur un théologien québécois d'envergure internationale qui se serait mis à repenser le christianisme, à l'instar des théologiens d'Amérique latine, des États-Unis ou d'Europe ? Dans cinquante ou dans cent ans peut-être [14] ?

---

14. Dans les sciences religieuses comme dans le reste, nous vivons forcément d'emprunts massifs. Les librairies spécialisées, majoritairement francophones,

La seconde différence est beaucoup plus impondérable et subjective. Je suis assez d'accord avec les critiques acerbes qui fusent dans notre pays contre l'institution ecclésiastique, surtout au plus haut niveau, à Rome (encore que je fasse une grande différence selon qu'elles viennent de l'extérieur ou de l'intérieur de l'Église). Mais je manque un peu d'intérêt pour ce genre de débat, persuadé qu'on passe à côté du principal[15]. Je doute fort qu'on se prendrait d'engouement pour l'Église, après qu'elle aurait satisfait intégralement à toutes les injonctions qui lui sont adressées. L'exemple des Églises protestantes est concluant à cet égard. Il est étonnant, par ailleurs, qu'on ne s'avise pas davantage du comportement des fidèles, qui ne sont guère affectés par les canons romains depuis qu'ils ont découvert la liberté de conscience! Faute de cibles plus actuelles dans l'Église québécoise, le passé et le lointain Vatican continuent d'alimenter le ressentiment[16].

Pour ma part, ce qui me hante, ce n'est pas tant ce que l'Église fait mal, mais ce qu'elle ne fait pas, ce qu'elle

---

étalent une production presque entièrement française, pas toujours adaptée à nos besoins spécifiques. Par contre, dans les universités, et non moins chez les chroniqueurs des grands journaux, les sources en matière de sciences religieuses sont avant tout américaines.

15. Ainsi, dans le mouvement Culture et Foi, l'Église est constamment interpellée par la culture, mais jamais la culture par l'Évangile.

16. Un sondage du journal *La Presse*, en 2000, posait la question suivante: «Si l'Église catholique avait une position plus conciliante sur la contraception, l'avortement, l'ordination des femmes ou d'autres sujets importants, iriez-vous à la messe plus régulièrement?» 75% ont répondu «non». Par ailleurs, 78% se déclaraient croyants.

n'est pas, ce qu'elle craint d'être, ce qui ne semble pas faire partie du programme des séminaires : être un lieu d'*initiation à l'expérience spirituelle* (et même à la Parole, dans la mesure où la transmission de la Parole relève aussi de l'initiation spirituelle et non seulement de l'enseignement). Ce genre de critique sera cependant moins entendu que si je parlais de l'ordination des femmes ou de problèmes de morale ou d'éthique sociale.

Le développement de l'intériorité (au sens chrétien du mot, et non des fadaises du Nouvel Âge) a beaucoup moins à voir avec des directives pontificales, et beaucoup plus avec une tradition spirituelle présente au niveau des personnes, dans les paroisses et les diocèses. Cela est aussi lié, bien sûr, à la grande Église qui, en froid avec sa tradition mystique, campait déjà dans l'extériorité bien avant la modernité. La foi est essentiellement communautaire, mais la pratique communautaire ne peut faire l'économie du développement intérieur des personnes, qui fait la différence entre le communautaire et le grégaire, entre la foi vivante et la foi sociologique.

Pour ceux qui croient au mystère de l'Eucharistie et qui y voient autre chose qu'un simple rite, magique, ou plus qu'un simple rassemblement symbolique, le prix est parfois élevé ! Pour ma part (et compte tenu du fait que je ne vis pas dans les grands centres), je suis frappé, en pérégrinant d'une paroisse à l'autre, sans toutefois vouloir généraliser absolument, par la pauvreté de la liturgie, malgré une énorme bonne volonté, comme si l'imagination était tarie, comme si le chrétien d'aujourd'hui ne pouvait être autre chose que l'homme des centres commerciaux et des audimats, sans capacité de recul, sans cette distance critique qui tient à l'essence de l'Évangile. Michel de Certeau cite le propos d'un vieil ouvrier retraité : «Maintenant que c'est traduit, on s'aperçoit que c'est un peu bêta.» Je ne partage pas entièrement cette analyse. Le langage traditionnel de la foi peut se trouver plus ou moins déphasé, mais il était intraduisible, et en général l'imagination religieuse n'a pas pris le relais, par déficit de l'expérience spirituelle. On parle souvent du vide spirituel de la société moderne, mais dans la mesure où l'Église est de plus en plus immergée en elle, acteur parmi d'autres, le vide est aussi un problème d'Église[17]!

Je comptais donc, abstraction faite des analyses et des lectures, me demander simplement comment je me sentais, par comparaison, au milieu des assemblées de croyants. J'aurais peine à rendre compte de ma perception, puisque c'est bien de cela qu'il s'agit, d'une sensibilité et d'une ambiance, mais j'étais frappé par la différence. Malgré les bouleversements du dernier siècle, la France «se souvient» (tiens, tiens…), car même quand il en répudie de grands

---

17. En fait de liturgie, l'imagination religieuse, ici, est sévèrement confisquée par l'incontournable *Prions en Église*, dont l'édition française est supérieure, sans parler de son concurrent, l'excellent *Magnificat*.

pans, un pays qui a de telles racines ne peut oublier son histoire. Les débats dont j'ai parlé plus haut le montrent assez, car ils portent avant tout sur le christianisme comme héritage. Plus encore qu'autrefois, j'étais étonné de voir à quel point, inscrit partout dans la pierre, le christianisme fait partie de l'air du temps au pays de Descartes, sans qu'on en ait forcément conscience. L'environnement physique lui-même compte sans doute pour beaucoup dans la transmission de la foi, en particulier dans un vieux pays aussi densément peuplé que la France. Il me semble qu'il y a une affinité entre les «pierres vivantes» que je vais rencontrer bientôt et les vieilles pierres laissées comme des alluvions par le christianisme européen.

En participant au rassemblement chrétien, aussi bien en semaine que le dimanche, dans la vieille église située près de mon hôtel, à la station de métro Alésia, dans la chapelle de la rue du Bac, dans celle de Saint-Vincent-de-Paul à la maison des lazaristes, dans l'Église des Jésuites, rue de Sèvres, où il y avait autant d'hommes que de femmes, et bien des jeunes, la foi paraissait empreinte d'authenticité et de simplicité, et surtout de silence intérieur. Ces églises, dont la majorité n'étaient pas paroissiales, demeuraient ouvertes toute la journée, et un prêtre était ordinairement de garde.

Dans la perspective de mon travail d'initiation à l'oraison contemplative, qui répond certainement à une demande chez les chrétiens, un trait m'a frappé particulièrement: en Europe, cette forme d'oraison semble être entrée davantage dans les mœurs. Dans l'église des Jésuites, rue de Sèvres, un espace fermé par des tentures a été aménagé dans un des transepts pour ceux qui désirent pratiquer l'assise silencieuse sur des bancs de prière. À Taizé, surtout, les visiteurs venus de divers pays, des jeunes pour la plupart, semblent habitués à pratiquer l'assise silencieuse de façon prolongée, aussi bien en dehors des temps de prière commune que pendant la célébration des heures.

Pour peu que son expérience soit authentique, le chrétien doit constamment être prêt à se remettre en question. Il est normal de ne pas savoir où il en sera dans un an, dans deux ans…

De tout temps, la pente naturelle de mon esprit a été plus ou moins iconoclaste. Bien que je connaisse la légitimité du culte des images, honoré autrefois par le martyre, j'ai toujours été porté à faire l'économie des médiations, y compris le culte des saints, pour aller à Dieu. Même les icônes orientales, dans leur beauté toute spirituelle, ne m'inspirent pas autant que d'autres. J'ai toujours été heurté, d'ailleurs, par certaines entraves de la religion populaire, par la pauvreté de notre art liturgique, et surtout par une pastorale liturgique centrée sur l'enfant roi, qui transforme plus ou moins la célébration en activité parascolaire. Étant donné le recul actuel du sacré et de la transcendance, je flaire partout des formes larvées de superstition, d'idolâtrie et d'enfermement dans l'immanence. La pollution de la religiosité finit par nous cacher le ciel. Je me contenterais volontiers pour seule médiation de l'humanité du Christ, qu'il est plus facile d'évoquer que de représenter. Si on croit vraiment que le Christ est Dieu, il est également vrai pour le Verbe incarné que Dieu est au-delà de Dieu. Entre le dénuement des églises protestantes, des synagogues et des mosquées, et la prolifération du papier, du carton et du plâtre dans nos églises, ma sensibilité religieuse est plus en accord avec une certaine sobriété. Quand donc, d'aventure, on a voulu parfois me faire cadeau de médailles miraculeuses, on comprendra que je m'empressais de les refiler !

Or c'est précisément à la chapelle de la rue du Bac, la chapelle de la médaille miraculeuse, que j'ai été décontenancé. Toute ma réflexion a été court-circuitée par la présence d'une foule considérable et silencieuse, en plein après-midi, et j'ai pour ainsi dire saisi d'une façon nouvelle la possibilité d'une authentique dévotion s'appuyant sur les médiations sensibles — du moins pour les autres ! En traitant de l'initiation spirituelle dans l'introduction, je n'ai pas assez considéré le rôle initiatique de la communauté ecclésiale même, dont j'avais le goût à ce moment de m'imprégner.

Le choc de Saint-Gervais

Je m'étais toujours considéré comme un incurable citadin. Quand je sortais de la ville, c'était pour retrouver la
nature, à l'occasion des vacances, d'une excursion, d'un
intermède sportif. Mais je ne concevais même pas que des
gens aient le goût de résider au-delà des ponts qui s'échappent de l'île de Montréal. Puis, un jour, presque subitement, à l'approche de la retraite, la ville m'est devenue
intolérable et je me suis enfui sur la ferme où je vis, en
gardant avec la ville des liens purement fonctionnels. Le
thème de la ville, malgré tout, n'a cessé de me solliciter
comme problème spirituel, puisqu'elle est devenue le lieu
unique où s'élabore et se vit la culture.

À Paris, tout était pour moi différent. Les Parisiens
fuient Paris comme les Montréalais fuient Montréal, mais
les étrangers adorent!

C'est forcément dans les villes, et d'abord à Paris, que
l'Église de France se repense et se réinvente. C'est à cette
Église surtout que nous avons emprunté jadis l'Action
catholique spécialisée (dont le mandat officiel est terminé
en France depuis 1975), puis le personnalisme d'Emmanuel
Mounier et de la revue *Esprit*.

Dans une publication que j'ai rapportée de Saint-
Gervais, *Liturgie sur la ville*, un long poème commence par
ces mots: «La ville est une liturgie.» La nuit du trente et un
décembre de l'an 2000, j'ai connu à son meilleur un rite
annuel de la liturgie parisienne. Alors qu'il pleuvait à boire
debout, que le vent faisait se retourner les parapluies, et

que le tout Paris était dans la rue, le métro fermait à une heure comme chaque jour il se doit. J'ai pu regagner mon hôtel à cinq heures du matin, après avoir vainement hélé cent taxis et cherché une chambre pour la nuit !

J'avais tout de même le cœur en liesse, après avoir célébré le changement d'année et de millénaire, non pas avec les saltimbanques de Beaubourg comme tout le monde, mais à la vieille église Saint-Gervais. Je n'avais jusque-là qu'une idée générale de ce qui s'y passait. Malgré tout, je serais volontiers allé à Paris pour cette seule expérience, qui me semble ouvrir un chapitre nouveau dans l'histoire de l'Église, moins conjoncturel peut-être que les grandes initiatives d'évangélisation du monde «post-chrétien» du XXᵉ siècle, comme l'Action catholique ou la Mission de France. Cette œuvre est certes en phase elle aussi avec la conjoncture, mais en tirant des racines du christianisme une sève qui transcende toutes les époques.

J'étais donc émerveillé cette nuit-là de voir une foule nombreuse remplir l'église et y prier longuement, dans la froide humidité de la vieille pierre. Certains étaient assis sur des tabourets ou des bancs de prière, d'autres à genoux sur les dalles. Les moines et les moniales, après une heure d'oraison silencieuse, partageaient véritablement avec nous les chants sacrés d'une liturgie à la fois traditionnelle et nouvelle, en partie polyphoniques, et accessibles aux fidèles, l'assemblée retrouvant son rôle d'acteur de plein droit. À proprement parler, pas de chorale et pas de concert en présence d'une assemblée passive et dépossédée. Les fidèles ont d'ailleurs en main le texte complet de la liturgie du jour, avec la notation musicale. Malgré l'heure tardive et le mauvais temps, il y avait aussi des enfants, mais pas de place dans l'église pour les produits de la classe d'arts plastiques ! Pas de banderoles, pas de rétroprojecteurs ou autres gadgets, et pas non plus de bancs traditionnels, comme c'est le cas dans la plupart des basiliques et des vieilles églises en Europe. Bien entendu, j'ai continué de fréquenter Saint-Gervais, surtout lors de mon second séjour à Paris, et c'était toujours aussi neuf.

Au Québec comme dans les autres pays, les monastères et les sanctuaires ne cessent d'attirer les fidèles. À Saint-Benoît-du-Lac, où je suis allé souvent, on reçoit beaucoup de jeunes en particulier, qui n'y viennent pas nécessairement pour prier. Plusieurs y découvrent la foi, simplement à voir prier et chanter les moines, donnant raison à saint Augustin : « Si tu veux savoir, disait-il, ce que nous croyons, viens voir ce que nous chantons. » En général, ceux qui y portent leur quête n'auraient pas l'idée de s'adresser à la paroisse. « Pourquoi ? », demandait un moine qui accueillait un groupe de jeunes que j'avais conduits à Saint-Benoît. L'un d'eux a répondu : « Parce que ce n'est pas assez différent. » On connaissait déjà la religion de la semaine et la religion du dimanche, dont la différence s'amenuise. On a aussi deux lieux où se vivent séparément la dimension horizontale et la dimension verticale de la foi. Cherchant désespérément à les réunir, j'ai demandé à un des moines, qui était un ami de jeunesse, s'ils ne pourraient pas venir à Montréal une fois par année pour y célébrer leur liturgie en plein centre-ville. Il m'a répondu que ce n'était pas leur vocation.

À ceux qui sont en quête de sens, il ne s'agit pas d'abord de proposer des programmes et des projets, encore moins de donner des explications, toutes choses qui s'adressent au mental, mais de faire entrer dans une expérience spirituelle, où l'âme se découvre image de Dieu.

En cherchant à définir sa place depuis la Révolution tranquille, l'Église d'ici n'a cessé de se demander ce qu'il faut *faire*, mais bien peu ce qu'il faut *être*. Les réponses consistent invariablement à ajouter les énergies disponibles à celles de la cité séculière, qui s'applique à surmonter ses contradictions et garde l'initiative. Si ce n'est certainement pas de trop, est-ce suffisant? Certes, elle a montré qu'elle est un bon citoyen corporatif, mais c'est comme si elle avait perdu définitivement le droit de signifier le Sacré, le Transcendant, le Tout Autre, dans la grande société, ou manquait d'imagination pour le faire. Récemment, à l'instigation des évêques, on pouvait lire affiché dans les chœurs de nos églises une sorte de slogan: «Pour une Église plus humaine, à la manière de Jésus.» Je suppose qu'il fallait y voir une invitation à la compassion… Je ne pouvais m'empêcher de penser, malgré tout, qu'une

Église purement humaine ne risque ni de déranger ni de soulever l'esprit à la hauteur de ses propres attentes.

~

Les Fraternités monastiques de Jérusalem, fondées à Paris en 1975, à l'église Saint-Gervais, derrière l'hôtel de ville, sont nées « à l'époque d'une vaste recherche spirituelle post-conciliaire qui voulait rejoindre le monde dans sa réalité concrète [18] ». « La crise de l'Église bat alors son plein, la pratique religieuse plonge, tout comme la courbe des ordinations. Au Collège de France, Jean Delumeau consacre sa leçon inaugurale à la "déchristianisation". »

« Partout, des séminaires se fermaient, des maisons religieuses se vidaient, des prêtres quittaient le sacerdoce, de jeunes foyers éclataient… »

L'évocation qui suit fait tout de suite penser à l'ouvrage célèbre de Harvey Cox sur la cité séculière, urbaine, industrielle et technique, de la même époque (1965). Aujourd'hui encore,

[les communautés monastiques] vivent à la campagne, continuent l'idéal de partir au désert… Il reste cependant que le désert connaît des formes différentes. Il y a l'isolement dans des lieux habités. Il permet une retraite volontaire, un départ choisi. À une époque où l'entassement des hommes construit de vastes ensembles urbains,

---

18. Les citations sont tirées de la documentation que j'ai rapportée de Saint-Gervais.

s'instaurent entre eux une solitude subie, un anonymat précautionneux car le nombre de contacts dépasse alors la capacité relationnelle d'une personne. Il lui faut se préserver. Il paraît qu'au Moyen Âge la densité de population à Carcassonne excédait celle des quartiers populaires de l'actuel Paris. Peut-être, mais en une heure de marche un citadin de la ville fortifiée se retrouvait à la campagne, ce qui est impossible aujourd'hui pour un habitant du centre de la capitale. Le désert n'est plus ailleurs, il s'est infiltré au creux de chacun.

[Il fallait] recomposer l'avenir de la vie chrétienne dans le centre de Paris… La population s'éloignait hors les murs, encore que de vieilles familles s'accrochaient à leur territoire. Trop de paroisses pour si peu de Parisiens qui, le dimanche, s'évadaient à la campagne. Mais un mouvement fort de populations qui travaillent dans les quartiers des grands magasins, des assurances, des affaires, du tourisme… Bref, les «gens» vivaient là, mais autrement.

Comme à peu près toutes les villes, Paris connaît un dépeuplement de son centre, là où voisinent beaucoup d'églises. La population de ces petites paroisses trop rapprochées plaidait pour des regroupements.

Nous connaissons tous ce dernier phénomène dans nos grandes villes, et il ne fait que s'accentuer.

Cette recherche spirituelle a été intense, en particulier à l'université, où «tous ces bouillonnements aboutirent, pour diverses raisons, à l'explosion de mai 1968, avec toutes ses conséquences.» Ce fut aussi l'âge d'or des pèlerinages à Chartres, en Italie, en Espagne, en Terre sainte.

La solution ne sera pas dans la ligne des théologiens de la sécularisation, pour qui une nouvelle définition de Dieu et du christianisme sortira de la modernité séculière elle-même. Heurtant de front «une orientation pastorale axée sur la méthode de l'enfouissement», on veut «redonner à la liturgie ce sens du sacré qu'une génération de militants a parfois transféré ailleurs, en politique en particulier», réduisant l'évangélisation «aux dimensions d'un projet simplement temporel». «Le balancier revient à nouveau vers la dimension verticale, "sans laquelle, comme l'écrit Paul VI, l'homme est irrémédiablement mutilé" [19]. » En 1984, la Fédération protestante de France demandera aussi de «réévaluer la place de l'adoration dans la vie de l'Église.» La solution consistera plutôt dans un lien inédit entre tradition et modernité, par un rapprochement entre le monachisme, qui a tant contribué à façonner l'Europe, et la cité séculière elle-même.

Les étudiants de la Sorbonne lorgnaient vers les monastères, comme ceux du Québec qui vont à Saint-Benoît. Leur aumônier, qui les quitte pour devenir carme, écrit à leur sujet: «Ils comprenaient ma démarche pour une vie contemplative, mais auraient souhaité que celle-ci

---

19. Les théologiens de la sécularisation se réclament à juste titre de Dietrich BONHŒFFER, le théologien protestant exécuté par les nazis en 1945, qui a lancé l'idée d'un christianisme sans religion. Il affirme pourtant que «L'Église ne peut aborder les problèmes "horizontalement"; elle ne part pas des questions du monde pour aller à Dieu, mais elle part de Dieu pour aller au monde.» (Résumé d'un texte de D. B., présenté à un colloque d'*Action des chrétiens pour l'abolition de la torture*. Cf. *Courrier ACAT*, sept.-oct. 2002, p.22.)

rejoigne leurs camarades croyants et incroyants qui, disaient-ils, "jamais ne viendraient dans un couvent à la campagne". » En bref, cela voulait dire : « Venez vivre la prière en ville. » « Jusqu'ici les communautés urbaines demeuraient dans leurs enceintes. Elles vivaient en ville selon la même clôture qu'à la campagne, avec les mêmes règlements. C'est l'entourage qui différait plus que la prise en compte de l'environnement. »

L'incitation vint du cardinal Marty, archevêque de Paris, préoccupé de « recomposer la vie chrétienne dans le centre de Paris » et de « conduire le peuple chrétien qui lui était confié à la source : l'Évangile reconnu au cœur de la prière ». En 1972, à l'occasion d'une interview dans le journal *Le Monde,* il lançait l'idée d'un monachisme urbain, « invitant les Parisiens à une halte heureuse » et à « construire les monastères de l'an 2000 ». Non plus partir au désert mais amener le désert au cœur de la ville.

La réponse devait venir du désert du Sahara, un an plus tard. Pierre Delfieux, après un ministère de plusieurs années à la Sorbonne (cent mille étudiants), s'était retiré pour deux ans sur le plateau de l'Assekrem, au-dessus de Tamanrasset, et s'y était construit un ermitage non loin de celui de Charles de Foucauld. On lui avait fait lire l'appel lancé dans *Le Monde* : « Des moines pour l'an 2000, des communautés d'hommes et de femmes rayonnant la prière dans la pauvreté de leur vie. » Du coup, sa vocation lui est apparue : « Le vrai désert n'est pas ici. Il est au cœur des villes. C'est là que Dieu m'attend. »

L'histoire de la fondation, à la fois laborieuse et inspirée, est passionnante. Aujourd'hui, l'œuvre est constituée de fraternités, les unes masculines, les autres féminines, ayant de part et d'autre leurs habitations propres, un gouvernement indépendant et un financement particulier, qui célèbrent en commun «la louange au cœur de la ville». Le *Livre de vie*, qui expose leurs constitutions similaires, est maintenant traduit en vingt langues[20]. Les fraternités portent le nom de «Jérusalem», parce que c'est la patronne de toutes les villes, le lieu où le Christ a vécu, est mort et ressuscité, où l'Église a été fondée, où sont nées les premières communautés chrétiennes, et qu'elle est également sainte pour les juifs, les chrétiens et les musulmans.

Me voilà donc ramené, sans l'avoir prévu, dans le droit fil des deux grandes étapes de ce voyage spirituel : le désert et Jérusalem ! Il y a toutefois des différences : d'une part j'ai vécu l'expérience de Jérusalem sur le mode de l'Absence ; d'autre part, je ne crois pas qu'il y ait pour les chrétiens de ville sainte. Mais Jérusalem continue de nous solliciter de toutes les façons, et la convergence est totale sur le principal : ce qui s'imposait fortement à moi dans cette Absence, c'était désormais un mode de présence du Christ essentiellement eucharistique, à réinventer sans cesse, sous l'inspiration de son Esprit, dans une Église au-delà de l'Église, et même un christianisme toujours au-delà de lui-même. Autre différence : le désert *extérieur*, qui

---

20. *Jérusalem. Livre de vie*, Paris, Cerf, 2000.

ne me paraissait pas indispensable si ce n'est par intermittences, peut être accessible partout à l'homme de la rue, dans un sens plus fort que les bulles de silence que sont déjà toutes les églises.

On n'a pas cherché d'abord à innover. «J'aimerais simplement pouvoir dire ici, affirmait Pierre Delfieux en 1973, que ce que nous cherchons n'a rien, absolument rien qui veuille contredire quoi que ce soit d'existant. Nous aimons trop le monachisme traditionnel pour cela, et saint Benoît en particulier. Ce que nous cherchons veut pouvoir se construire, comme Dieu veut, dans la complémentarité le plus possible et l'harmonie, compte tenu des appels multiples de cet aujourd'hui.» Des communautés monastiques existantes ont été approchées, et l'une d'elles, bénédictine, a même parrainé l'œuvre naissante. On a cherché par ailleurs à adopter une des grandes règles religieuses d'Occident, comme celle de saint Augustin, de saint Benoît, de saint Basile (surtout), de saint Ignace, de saint François, de saint Dominique, de sainte Thérèse d'Avila… Mais aucune n'était «adaptée aux exigences des temps actuels». Elles ont cependant laissé leur marque dans les constitutions de «Jérusalem», dont la spiritualité novatrice est profondément enracinée dans la tradition, ancienne et récente : «Nous avons bénéficié [des] renouveaux biblique, patristique, œcuménique, liturgique, mais aussi pastoraux, sociaux, paroissiaux. Tout le courant issu du travail conciliaire, l'expérience des prêtres-ouvriers, l'effervescence née de mai 68, la mutation soudaine de toute une mentalité…

tout cela nous a marqués. Nous venons après. Non comme un simple résultat mais comme de vrais héritiers.» Il ne manque peut-être ici qu'un mot : renouveau *mystique*. «Jérusalem», d'ailleurs, n'est pas unique. Plusieurs communautés nouvelles prennent racine à la même époque, comme un véritable signe des temps.

Les premières communautés, établies à Saint-Gervais, ont essaimé depuis 1975 dans d'autres lieux de culte, parfois illustres, mais de plus en plus désertés aussi : à Marseille, à Blois, à Strasbourg, en la basilique de Vezelay, ce haut lieu bourguignon de l'art roman, au Mont-Saint-Michel, à Florence dans la cathédrale, à Bruxelles, à Rome, toujours en lien avec l'épiscopat et souvent à la demande des fidèles. Le cas de Vezelay est intéressant, puisqu'il ne s'agit pas d'une église de ville : «église séculaire d'une étonnante beauté qui accueille, chaque année, une ville en itinérance de près d'un million de pèlerins, touristes et visiteurs». «Et cela pour donner envie aux gens de venir prier à Vézelay. Au carrefour de l'Europe, on peut opérer la synthèse de la prière de l'Orient, de la tradition de l'Occident et du renouveau liturgique où le sens du sacré retrouve sa place.» De plus, la communauté monastique y collabore avec la paroisse, et il en sera de même à Strasbourg.

Les Fraternités disposent en outre de magnifiques maisons de ressourcement à la campagne, pour leurs membres et pour de vastes rencontres (sessions, colloques, retraites, stages…). Jusqu'ici leur expansion se limite à l'Europe[21]. Elles comptent dans leurs rangs trente nationalités. Celle de

Paris comprend plus d'une centaine de membres, dont soixante pour cent d'étrangers. Et partout naissent de nombreuses fraternités laïques, avec des objectifs variés, y compris des fraternités d'enfants, qui gravitent autour des fraternités monastiques et sont animées par elles. Sous le choc, après une première expérience, «rencontre du Dieu vivant», des fidèles, et aussi des incroyants, veulent aller plus loin. «Il se passe quelque chose à Saint-Gervais, tu devrais aller voir.» «Il y avait comme une fraîcheur dans l'air, un étonnement, les premières notes d'une symphonie, les premiers signes d'une présence au cœur de la ville, d'une liturgie unifiante et d'un accueil sans frontières.»

J'ai vu souvent des chrétiens pratiquants qui vont à l'église le dimanche pour retrouver un lien social, pour échapper à la solitude de l'individu post-moderne. Mais il y a ambiguïté, car ils ont moins d'intérêt pour la liturgie de la Parole ou le sacrifice eucharistique, s'ils en ont un, que pour le rassemblement même, comme si l'Église exerçait ici encore un rôle de suppléance, celui de recomposer la société, alors que le rassemblement eucharistique présuppose justement une communauté humaine. Inversement, des croyants fervents, «chrétiens sans Église», ne veulent

---

21. Au moment d'aller sous presse, j'apprends qu'un de mes vœux est sur le point de se réaliser: les Fraternités sont en tractation avec le diocèse de Montréal pour venir s'y implanter, dès qu'il y aura suffisamment de recrues.

rien savoir du groupe. À Saint-Gervais, ce qui est surmonté, c'est l'individualisme religieux : «Ailleurs j'ai le sentiment de rester un individu, ici, je me sens membre du Corps qui est l'Église.»

> Beaucoup viennent de loin pour participer aux offices. La liturgie aux mélodies byzantines déploye [*sic*] ses fastes sans jamais devenir oppressante. Les volutes d'encens emportent la prière des fidèles. Tandis que les icônes assurent le lien avec l'Invisible. «J'aime venir ici, parce qu'on prend le temps de célébrer. Lors des grandes fêtes comme Noël ou Pâques, on est comme hors du temps», reconnaît, émerveillée, une vieille dame. D'autres sont sensibles à la beauté des lectures, qu'elles soient bibliques ou tirées des Pères de l'Église. Signe des temps, nombreux sont ceux qui demandent à commencer ou à recommencer à Saint-Gervais leur chemin de foi. Attirés par la beauté de la liturgie, tout autant qu'intrigués par la présence orante d'une communauté très jeune. Une beauté et une prière qui apportent la guérison de l'âme à ceux qui acceptent de venir s'asseoir dans la pénombre du grand vaisseau.

L'osmose entre la communauté monastique et la cité va dans les deux sens. D'une part, il y a l'attirance de la liturgie, et c'est un véritable paradoxe à l'heure où l'aspect premier et le plus évident de la crise de l'Église est le partage entre pratiquants et non-pratiquants, entre les *talas* (ceux qui «vont *tala* messe», comme on disait à Paris en 1920!) et ceux qui n'y vont plus — ceux qui délaissent la sacristie pour le caritatif. À condition de la *réinventer*, il est donc vrai que «la liturgie est le sommet auquel tend l'action de l'Église et en même temps la source d'où découle toute sa vigueur» (Vatican II).

On est peu conscient de l'indigence liturgique qui a succédé à la brusque suppression du latin — suppression que le concile n'exigeait même pas. À Saint-Gervais, «la forme de prière pratiquée n'était pas un amalgame de dévotions quelconques; elle était résolument centrée sur la prière de l'Église, la prière liturgique [l'office divin ou prière des heures]. Retrouver cette présence perceptible de Dieu là où on ne l'attend pas "au cœur de la ville" fut pour plusieurs d'entre nous une joyeuse découverte.» «Il fallait tout mettre en place à la fois: bâtir une liturgie qui ne soit ni celle des sept heures bénédictines, trop lourde pour la ville, ni de "Prière du temps présent", trop légère pour une vie monastique. Et cela, à une époque d'après-concile et d'après-mai 68 où rien n'était ni bien précisé, ni bien admis. Le bréviaire des anciens avait tout bonnement disparu. Mais, Dieu aidant et comme d'emblée, nous avons su trouver autre chose et le faire admettre.» «D'emblée la liturgie fut belle… Les chants et la psalmodie trouvaient leur harmonie dans la liturgie orientale… Les textes bibliques ou patristiques donnaient une nourriture spirituelle qui n'était pas du lait pour enfant attardé, comme écrit saint Paul.» C'est ainsi que trois fois par jour, le matin, à midi et le soir, selon le rythme de la vie urbaine, une nouvelle tradition liturgique, issue de nombreuses recherches et consultations, accueille les passants de toutes catégories, après une heure d'oraison silencieuse. Sans parler, bien entendu, de la célébration eucharistique.

D'autre part, en l'absence de la traditionnelle clôture monastique et de la stabilité géographique, l'osmose entre les Fraternités et la ville va aussi dans le sens inverse : «Le Cardinal tenait beaucoup, en effet, à ce que ces "novices" gardent leur travail professionnel», à la fois pour gagner leur vie et pour contribuer à celle de la cité. Le travail salarié à mi-temps fait donc partie des «cinq axes» de la règle des Fraternités : vie fraternelle, prière, travail, silence, partage.

Enfin, le rayonnement des Fraternités dépasse les lieux de leur implantation. Elles jouent un rôle considérable, par exemple, dans les Journées mondiales de la jeunesse, par le truchement de leurs fraternités laïques de jeunes.

Né de la rencontre d'un évêque et d'un fondateur, encouragé par Paul VI et Jean-Paul II, Saint-Gervais était véritablement un projet d'Église, mais davantage encore parce qu'il correspondait aux attentes en majeure partie inexprimées du peuple chrétien : «Dès la fondation des Fraternités monastiques à Paris et les débuts de leur magnifique liturgie en l'église Saint-Gervais, des laïcs vinrent en si grand nombre s'associer à cette prière que l'église ne désemplit plus.» En théologie chrétienne, en effet, le *sensus fidelium* est un critère de vérité, et donc de discernement des valeurs permanentes dans le fouillis de celles qui sont périmées.

Ces attentes existent aussi dans notre pays, mais elles ne vont pas s'exprimer sous forme de demande explicite.

Elles vont plutôt se reconnaître si on offre aux fidèles quelque chose de «différent».

La grâce de Taizé

Après une première semaine à Paris, je suis descendu à Taizé, que j'avais hâte de voir. Tous ceux qui y sont passés disent à leurs amis : «Ne manque pas d'aller à Taizé», et c'est ce que maintenant je fais aussi. Je suis pourtant arrivé au moment le moins propice, pour ainsi dire à la saison morte. Quand j'ai fait ma réservation, de Montréal, on m'a suggéré de reporter ma visite de quelques jours, car les frères participaient à leur rencontre internationale de jeunes, qui cette année-là avait lieu à Barcelone. Le temps maussade persistait alors partout, avec pluies et vents. Malgré tout, nous étions une centaine de visiteurs, car, à l'exception de ces quelques jours, Taizé ne ferme jamais. J'étais attendu et j'ai été accueilli par un frère belge, de la façon la moins bureaucratique qui soit. Jusque dans le détail, le sens de l'autre, comme une seconde nature, ne se dément jamais.

Normalement, on y vient pour une semaine, et l'accueil est structuré en conséquence. «Au programme ? La prière commune rythme les journées, où alternent réflexions et partages sur les sources de la foi, et services pour assumer la vie quotidienne[22]. » «À leur arrivée,

---

22. *Taizé. Confiance sur la terre*, imprimée en plusieurs langues, sans pagination. Les textes sans référence renvoient à cette publication.

quelques mots rappellent aux jeunes le sens de leur séjour: "Venir à Taizé, c'est être invité à aller aux sources de l'Évangile par la prière, le silence, une recherche. Chacun est ici pour découvrir ou redécouvrir un sens à sa vie, reprendre élan, se préparer à assumer des responsabilités de retour chez soi [23]." » Je ne disposais pas du temps nécessaire, mais j'ai tout de même pu en profiter pleinement. À Taizé, comme en Égypte et en Israël, j'ai trouvé un grand avantage à voir les choses dans leur profil le plus bas, dépouillé de tout effet carte postale.

La magie de Taizé opère toujours, non pas à la façon d'un spectacle bien huilé, mais d'une réalité humaine et surnaturelle qui se confirme quotidiennement, qui s'inscrit dans l'habitude mais jamais dans la routine. Sa grâce est d'être un lieu de rencontre en Dieu, où on ne peut plus éviter l'autre, où on échange des adresses, ce que j'ai fait, entre autres, avec une bouddhiste vietnamienne de Californie.

Ce qu'il y a ici d'unique se révèle d'abord à la vue. D'ailleurs, dans les publications des Ateliers et Presses de Taizé, il y a souvent plus d'images que de texte. En pénétrant, dès mon arrivée, dans la grande église en bois dite de la Réconciliation, j'ai eu le sentiment de trouver quelque chose d'absolument nouveau et d'attendu depuis toujours. En franchissant ce seuil, si simple et si dépourvu d'appa-

---

23. Kathryn SPINK, *La vie de frère Roger, fondateur de Taizé*, Paris, Seuil, 1998, p. 101.

rence, on a l'impression d'entrer dans une autre existence, que je suis incapable de qualifier autrement que par le mot «eschatologique», sous le double aspect du déjà-là et du dévoilé.

Devant l'assistance, il n'y a pas d'autel, bien que la messe catholique soit célébrée quotidiennement à un petit autel de côté[24], mais une sorte de scène où il y a du feu, beaucoup de feu, entouré de tentures en forme de voiles. À toute heure, cette nef embrasée est occupée par des orants silencieux, assis sur des bancs de prière ou accroupis sur le sol. Après y avoir prié une fois, on se sent irrésistiblement attiré à y revenir.

En plus du génial arrangement de l'espace, bientôt c'est par l'oreille que nous serons pénétrés jusqu'au cœur. Trois fois par jour, la prière commune est faite de chants, de psaumes, d'une lecture biblique choisie pour sa simplicité, en plusieurs langues, avec des silences et des intercessions. Elle est soutenue par les moines, assis ou agenouillés dans l'allée, qui sont comme enveloppés par la foule, où il y a toujours beaucoup d'enfants, dont ceux du village. Les chants de Taizé se sont répandus rapidement dans le monde entier, traduits dans toutes les langues, bien que déjà conçus en plusieurs langues, dont le latin. C'est qu'on a su discerner parfaitement les éléments d'une adoration où l'âme de la tradition pénètre sans rupture dans le corps

---

24. Avec l'arrivée des jeunes d'Europe de l'Est, on a ouvert en plus une chapelle orthodoxe.

de la modernité. Le principe de cette réinvention du chant sacré est fort simple sans être nouveau : une courte phrase, reprise et encore reprise, dont les paroles sont rapidement mémorisées par toute l'assistance, et dont le thème musical est facile à retenir. Peu à peu, elle est intériorisée par toute la personne, en lien avec les autres. Ce principe de la répétition (que certains qualifient de « mantrique », mais toute répétition n'est pas un mantra), allait de soi autrefois et n'a jamais cessé d'aller de soi en Extrême-Orient. Au Québec, beaucoup s'y retrouvent spontanément, mais bon nombre aussi sont déconcertés.

> [Ce chant] peut être alors le chemin d'une prière contemplative, il contribue à construire peu à peu une unité de la personne devant Dieu. Et ce chant se continue en soi alors qu'on se retrouve seul. Il devient une prière sous-jacente aux gestes, aux conversations, au travail, à la vie quotidienne. Depuis des temps immémoriaux, une telle expression a soutenu des croyants une vie entière…
>
> Au cours de la prière quotidienne à Taizé, un long silence joue un rôle primordial, l'intelligence étant vite prise de court quant on tente d'exprimer par des mots la communion avec Dieu[25].

---

25. K. Spink, *La vie de frère Roger*, p. 14.

On dit souvent que l'Église a perdu les jeunes, comme on disait naguère qu'elle avait perdu la classe ouvrière. Ne seraient-ce pas plutôt les jeunes qui ont perdu l'Église? Ici ils la retrouvent. «Depuis longtemps, une question nous habite: pourquoi tant de lieux de prière se vident-ils, et se vident-ils entre autres de jeunes?» «Beaucoup de jeunes disent qu'ils s'ennuient dans les églises. Mais un renouvellement est possible.» «Quand les jeunes tentent d'expliquer leur présence à Taizé, la raison qu'ils mentionnent le plus souvent est l'intensité de la prière commune[26].»

Ils y retrouvent une Église qui leur offre une *expérience*: «Ce ne sont pas les vastes connaissances qui importent au début. Elles auront leur grande valeur. Mais c'est par le cœur, dans les profondeurs de soi-même, que l'être humain commence à saisir le Mystère de la foi. Une vie intérieure s'élabore pas à pas.» Mais il ne s'agit pas d'une expérience individuelle ineffable. Dès le début, au moment où les jeunes ont commencé à affluer, «nous avons pris l'option, disent ceux qui ont fait Taizé, de suggérer aux jeunes les communautés locales comme lieu de continuité». Les frères eux-mêmes se déplacent souvent vers les paroisses. Celles-ci sont-elles prêtes à les recevoir? «Nous savions bien que c'était délicat, les jeunes n'y trouvent pas toujours une possibilité d'expression… Comment aider les jeunes à comprendre que ce Christ, le ressuscité qu'ils cherchent, ne peut être découvert sans la communion d'amour de son Corps,

---

26. *Ibid.*, p. 13.

son Église?» Le message de Taizé est plus qu'une invitation à l'adresse des jeunes, c'est un défi pour l'Église, formulé par frère Roger dans le langage du cœur: «Un lieu de poésie. Voilà ce que l'Église pourrait être[27].» «La beauté simple de la prière commune est un des lieux où se renouvelle une joie intérieure qui est esprit de la louange. Sur la terre, la prière chantée n'est-elle pas comme un des premiers dons de notre résurrection?»

La foi est inséparable de la beauté, mais tous n'ont pas le même sens de la beauté. «Nous voudrions aller aux sources de la confiance de la foi, en particulier à travers l'irremplaçable prière commune qui, par sa beauté, vient toucher le fond de l'âme.»

La merveille est que tous les papes y acquiescent. Jean XXIII avait dit, à l'occasion du concile, auquel participaient les frères Roger et Max Thurian comme observateurs: «Ah! Taizé, ce petit printemps!» Dans une entrevue que frère Roger n'a pas osé rapporter, Paul VI, qu'il rencontrait chaque année, aurait fait un parallèle entre Taizé et Assise. Jean-Paul II y vint aussi trois fois, avant ou pendant son pontificat. Taizé est devenu un haut lieu de l'Église, qui entretient de multiples relations non seulement avec les prélats catholiques, mais avec les chefs de toutes les Églises. Le primat de l'Église anglicane, parmi d'autres, y est venu avec mille jeunes anglicans.

----

27. *Ibid.*, p. 9.

Il serait fastidieux d'énumérer tous ceux qui ont été rejoints par la grâce de Taizé. Mère Teresa y est venue deux fois. Frère Roger et elle ont prié ensemble à Taizé, avec les jeunes, et à Calcutta, avec les démunis.

C'est devenu pour les jeunes le lieu de rencontre le plus important de l'Europe. Ils viennent de tous les continents, en toutes saisons, et leur nombre en été peut dépasser cinq mille par semaine. On y a dénombré entre trente-cinq et soixante-dix nations. Inversement, la communauté se déplace à la fin de chaque année pour une rencontre de cinq jours dans une grande ville du monde, qui rallie parfois jusqu'à cent mille jeunes. C'est de là que frère Roger publie sa lettre annuelle, traduite en soixante langues. Et pourtant, les jeunes ne faisaient pas partie du projet initial, ils sont venus d'eux-mêmes, sur le tard, à l'étonnement de la communauté. «Ce fut peut-être le don d'écoute, tellement développé à Taizé, qui amena autour de la communauté des dizaines de milliers de jeunes[28].»

J'éprouve toujours une certaine gêne devant l'omniprésence du fondateur, en abordant une grande œuvre. L'œuvre de frère Roger, pourtant, est plus le reflet d'une personne et d'une vie qu'une véritable fondation à partir d'un projet planifié. Un grain de sénevé jeté en terre dans

---

28. *Ibid.*, p. 87.

un village vide et désolé, autour d'une petite église privée de prêtre depuis la Révolution, est devenu un grand arbre, dont les fondateurs furent les spectateurs autant que les acteurs.

En 1940, un jeune homme de vingt-cinq ans, de confession évangélique, rêve de communauté priante. Sa famille maternelle était française, mais il avait été élevé dans le Jura suisse. La défaite de la France avait éveillé en lui une sympathie profonde pour le pays de sa mère. «Il fallait, dit-il, que je trouve une maison où je puisse recevoir ceux qui souffraient de la guerre, ceux qui cherchaient un refuge[29].» Il se dirige à bicyclette vers la Bourgogne, en zone libre, et grâce à un prêt, achète une maison à Taizé. Au péril de sa vie, surveillé par la police civile, dénoncé à la Gestapo, il y cache des réfugiés, notamment des Juifs. Revenu en Suisse pour un temps, à cause du danger, il entreprend avec trois compagnons une certaine vie communautaire centrée sur le travail et la prière. Ils se réunissent à la cathédrale, où de nombreux jeunes se joignent à leur prière du matin. Vers la fin de la guerre, ils retournent à Taizé en se posant la question : «Qui sont maintenant les plus déshérités autour de nous?» Ils prennent en charge des orphelins de guerre, avec l'aide de la jeune sœur de Roger, Geneviève. Ils se réunissent pour la prière commune dans la petite église romane du XIIᵉ siècle où il ne se passe rien. Bientôt, les visiteurs commencent à affluer, attirés par la beauté de

---

29. *Ibid.*, p. 44.

la prière, mais frère Roger finit par s'y opposer, pour ne pas les détacher de leur paroisse.

Tel fut le grain de sénevé. À part l'arrivée massive et imprévue des jeunes à la fin des années 1950, le grand arbre est en continuité avec lui. Aujourd'hui, la communauté compte une centaine de membres, de tous les âges, de plus de vingt-cinq nationalités, de religions diverses et aux compétences les plus variées. Ils vivent de leur travail et n'acceptent pour eux-mêmes aucun don ou héritage. Tout ce qu'ils reçoivent est mis au service des autres, en particulier dans le tiers-monde.

Comme à Saint-Gervais, le message de Taizé est celui d'une vie contemplative en prise directe sur le monde. Et puisqu'il n'y a pas, ici non plus, de clôture monastique, la communauté non seulement accueille mais se répand. Frère Roger et les siens laissent leur trace partout à travers le monde, aux côtés des déshérités. Ils ne vivent d'ailleurs pas tous à Taizé, il y a aussi des fraternités réparties dans des milieux pauvres à travers les continents, à New York, au Brésil, au Sénégal, au Bangladesh, en Corée. C'est une voix qui compte auprès des chefs d'État et des organismes internationaux, et aussi à Rome. La contribution de Taizé à la paix dans le monde, et notamment à la construction de l'Europe, a été reconnue par des prix prestigieux.

Taizé se définit souvent comme «une parabole de communion», qui englobe dans son désir toute la famille humaine, mais d'une façon privilégiée l'unité des Églises, dont on refuse de désespérer, car il n'y a qu'une Église, dont l'unité est encore voilée. L'œcuménisme est au cœur de Taizé, mais l'idée qu'on s'en est toujours faite rejoint celle des théologiens actuels : «On a toujours été conscient que les chrétiens se réconcilieraient en élargissant leurs horizons, en allant vers d'autres qu'eux-mêmes, en s'ouvrant aux non-croyants, en étant attentifs aux plus pauvres, à ceux qui sont en difficulté. La réconciliation des chrétiens n'a pas son but en elle-même, elle est appelée à être un ferment de réconciliation dans la famille humaine[30]. »

«Une parabole de communion» : peut-être n'a-t-on pas assez remarqué le paradoxe de Taizé, qui fait faire à l'Église un pas en avant sans jouer sur la tension entre le sommet et la base, amenant au contraire le peuple de Dieu et ses chefs à marcher au même pas !

Je suis porté à croire que l'attirance de Taizé tient au fait que s'y révèle pour notre temps l'expérience chrétienne complète, que le cardinal Lustiger, archevêque de Paris, a su résumer avec bonheur : «Les frères de Taizé sont des moines contemplatifs, et pourtant ce sont eux qui ont eu la plus forte action sur l'ensemble de la jeunesse européenne et mondiale. Toute la jeunesse d'Europe a défilé à Taizé pendant des années comme dans un lieu de communion, de convergences, de paix. Maintenant, c'est l'Asie, c'est l'Afrique. Taizé, c'est un lieu œcuménique en toute vérité, où il y a un grand respect,

---

30. *Ibid.*, p. 105.

aucune polémique et en même temps aucune confusion. C'est un lieu désintéressé, on ne cherche pas à mettre les jeunes sous l'obédience de Taizé, il sont renvoyés dans leur paroisse. Taizé a découvert le message essentiel du christianisme : plus on est mystique, plus on est pratique ; plus on est pour Dieu, plus on est pour l'homme, capable de mettre la main dans la boue s'il le faut pour aider ceux qui sont dans la peine. »

Ma réflexion amorcée à Paris se précise.

Toute parole humaine est courte devant Dieu. J'ai été pour ainsi dire acculé à l'apophatisme[31], surtout, par l'appauvrissement de la parole liturgique. Je sais qu'il faut juger cas par cas, et je connais des paroisses où les célébrations sont d'une qualité exceptionnelle. Mais souvent, au nom d'une conception douteuse de l'incarnation, sous prétexte de ramener Dieu sur terre, la célébration eucharistique est truffée de paroles humaines, de commentaires de toutes sortes, d'apartés et de variations « personnelles » dans la prière du canon, etc. Il faut être familier, jusque dans la langue, qui peut être celle de la rue. La Parole divine n'est plus vraiment proclamée, elle est plus ou moins expédiée, sans cérémonie, par un lecteur ou une lectrice peu préparés pour cette tâche difficile qu'est la

---

31. Voir à ce sujet l'ouvrage de C. Geffré, *Croire et interpréter*.

parole publique, quand ce n'est pas par un enfant[32]. Elle est d'ailleurs lue, individuellement, comme on lit un texte en classe, et non pas écoutée («Écoute, Israël…»). Quant au chant, j'ai déjà fait état de ses avatars. Même pendant la communion, le silence est craint, évacué souvent par un solo, qui n'a rien à voir avec une simple musique d'accompagnement ou de soutien. Les formules de prière privée, qui abondent, nous enferment le plus souvent dans le petit moi littéraire de leurs auteurs.

Beaucoup de ceux qui sont partis cherchaient sans doute ce quelque chose de «différent» des liturgies de la télévision, du centre commercial, du bureau ou de l'école.

Sans s'y réduire, la crise du christianisme inclut une crise du sacré. L'Incarnation, selon le P. Bouyer, nous conduit non «à une disparition de la sacralité naturelle, mais à sa métamorphose[33]». C'est en ce sens que je parle d'assumer et de dépasser la religion. Évolution ou remplacement, le sacré est aujourd'hui en quête d'expression.

Michel de Certeau traite aussi de l'apophatisme, non pas comme effacement de la parole devant le Tout Autre, comme chez les mystiques, mais en rapport avec la crise du christianisme, qui devient muet dans l'attente d'un nouveau langage de la foi pour notre temps.

---

32. Dans beaucoup de paroisses, on a la curieuse habitude de laisser tomber une des deux premières lectures, pour faire moins long (comme avant le concile?). Par ailleurs, on sait que, autrefois, l'office de lecteur exigeait une ordination.

33. L. Bouyer, *Le rite et l'homme*, cité par H. DE LUBAC, *La foi chrétienne*, p. 182.

Cela pose cependant un problème redoutable, car si l'apophatisme convient aux âmes assoiffées, elle ne convient pas à la liturgie, célébration communautaire, publique, en grande partie festive. De toute façon, il faut bien que la célébration du culte continue en attendant mieux. D'autre part, dans la mesure où le silence exprime une foi délestée de religion, ce n'est pas une spiritualité pour les masses.

Il m'a semblé que Saint-Gervais et Taizé, entre autres, répondaient à ce problème, chacun d'une façon différente, qui va continuer de se diversifier. En ce sens, ce sont des lieux prophétiques, qui ouvrent sur l'avenir. Contrairement à la plupart de nos églises, d'où les jeunes sont partis, où on sent que ceux qui restent ne sont pas soulevés par l'expression liturgique de leur foi, comme s'ils n'« embarquaient » pas, ici les foules de tous les âges tombent sous le charme des « premières notes d'une symphonie », dont le chiffre perdu était inscrit en eux.

Bien sûr, les deux lieux prophétiques que j'ai privilégiés comportent la présence d'une communauté monastique. Ce ne peut donc être la solution unique et généralisable. Mais ce n'est pas un hasard non plus. Historiquement, le monachisme a été un des principaux ferments du christianisme. Dans l'Église d'Orient, la spiritualité est dite homogène, en ce sens qu'elle ignore tout cloisonnement entre les moines et les autres chrétiens, clercs ou laïcs, l'idéal monastique étant la forme de toute spiritualité. En Occident, les monastères sont devenus les foyers de la culture religieuse et profane, au point que, au Moyen Âge, villes et villages se sont construits autour d'eux. L'Europe sans eux ne serait pas ce qu'elle est. À travers les vicissitudes de l'Église, quand le sel s'affadit, le monachisme représente la continuité des valeurs permanentes de l'Évangile. Jusqu'à aujourd'hui, non seulement il continue de rendre visible l'idéal évangélique, comme une lampe sur le lampadaire, comme une ville sur la montagne (Mt, 5,15), mais, communauté eschatologique, anticipation de la vie des ressuscités, il indique le sens des valeurs terrestres. Le célibat, notamment, ne doit pas être interprété comme une voie parallèle, négatrice du mariage, mais comme son futur (Mc 12,25). Sans la présence de ce rappel, le témoignage de l'Église ne serait pas complet. Et qui dira que la pauvreté monastique est déconnectée dans la société de consommation, qui se met à invoquer Diogène dans son tonneau, alors que de plus en plus un idéal de simplicité volontaire rejoint les plus gavés?

La vocation monastique n'est pas la seule façon de vivre l'Évangile. Il n'est pas nécessaire de le rappeler à l'Église contemporaine, qui ne risque pas de méconnaître l'urgence des tâches terrestres. On y serait plutôt porté à la considérer comme dépassée, selon les critères de l'utilité, et à méconnaître le primat de l'adoration. «Plus on est mystique, plus on est pratique.» C'est pourquoi l'appel du cardinal Marty («Que votre contemplation, disait-il, soit une prédication») et l'œuvre de frère Roger ont une telle importance. Alors que le monachisme a toujours été vécu sous le signe de la fuite du monde, les nouvelles communautés, lancées au milieu du monde, incarnent radicalement le commandement du Christ : être dans le monde sans être du monde. Même s'il n'est pas possible de reproduire tel quel ce modèle partout (sans l'exclure à cent pour cent), sa diffusion de fait en direction de la cité, des paroisses, et même des continents, montre que les valeurs qu'il incarne doivent être présentes dans toutes les structures de l'Église, comme les paroisses. Il n'y a pas de doute, en particulier, que ce nouveau monachisme est peut-être seul à rencontrer une des plus grandes urgences de l'Église contemporaine, en continuant sa mission séculaire de création et de maintien d'une riche tradition liturgique. On le voit aussi en d'autres lieux, comme à l'abbaye de Sylvanès, dont la «liturgie tolosane» a inspiré partiellement celle de Saint-Gervais.

Le monachisme a donc toujours un rôle à jouer en Occident. Des amis de Taizé l'ont pressenti en posant dès le début cette question : «Recommencer Cluny ?» Parmi eux, Hubert Beuve-Méry, alors directeur du *Monde*, écrivait en 1962 : «Peut-être ce qui manque le plus à notre monde en proie à tous les vertiges n'est-il qu'une manière de Cluny avec toutes les transformations qu'appelle le XXᵉ siècle. » (Il se trouve que Cluny est à dix kilomètres de Taizé…)

Frère Roger est de ceux qui au xxᵉ siècle ont le plus plongé dans ses luttes et ses détresses, et pourtant il publie un livre intitulé *Lutte et contemplation*[34]. Dans un livre précédent, on pouvait lire ces lignes : « Depuis le ivᵉ siècle, il y aura eu peu de siècles plus décisifs que le nôtre. La jeune génération a conscience d'être arrivée à la vingt-cinquième heure, celle qui précède l'effacement de tout un passé. Quelle présence les chrétiens vont-ils assumer au cœur des sociétés contemporaines ? *Et quels sont aujourd'hui les chemins de la contemplation ?* » Et anticipant sa rencontre du Christ dans l'au-delà, il imagine ce dialogue : « Plus que ce partage, j'ai considéré comme valeur première votre attente contemplative[35]. »

Depuis toujours il s'écrit de belles choses sur le sujet. Certains ont compris que les écrits, pour n'être pas inutiles, doivent être précédés par des réalités exemplaires, rêvées dans le désert.

Le « bouchon lyonnais »

En quittant Taizé, je suis descendu à Lyon dans la voiture d'un jeune lyonnais, Émanuel, avec qui je m'étais lié d'amitié. Nous sommes arrivés chez lui vers vingt-trois heures. Il n'avait pas encore mangé, et il reprenait tôt le

---

34. K. Spink, *La vie de frère Roger*, p. 86.
35. *Ibid.*, p. 95. (Je souligne.)

lendemain son travail d'ambulancier. Malgré tout, il m'a invité à dormir dans son petit appartement. Je me suis contenté de réserver un hôtel, avec son aide, après quoi il m'a initié au superbe métro de la ville.

Le lendemain soir, nous avions rendez-vous à une petite chapelle tenue par une congrégation de religieuses, dans un quartier commercial. On y célébrait chaque semaine une veillée de prière d'une heure, avec les chants de Taizé. Cette pratique, qui se répand un peu partout, fait partie du rayonnement de Taizé, et illustre comment sa spiritualité peut s'intégrer facilement et diversement dans les structures existantes, sanctuaires ou paroisses. À Montréal, au Relais Mont-Royal, centre culturel et spirituel chrétien, les chants de Taizé sont à l'honneur. Celui qui a fondé le Relais me disait que l'introduction du chant avait tout changé. Il existe aussi au Québec des lieux de partage de la prière contemplative, mais ce sont plutôt des lieux choisis où des âmes éveillées vont retrouver Dieu à l'écart, et non des villes sur la montagne où se vit le grand rassemblement eucharistique du peuple de Dieu, comme à Saint-Gervais et Taizé (entre autres)[36].

Même lors de mon séjour antérieur, je n'avais jamais visité Lyon, une ville que j'ai adorée, comparable à Paris, l'agitation en moins. Je savais qu'elle était renommée

---

36. À l'occasion des JMJ de Toronto, en juillet 2002, des communautés chrétiennes ont organisé dans les diocèses québécois des veillées de prière soit-disant «à la manière de Taizé». Mais on a simplement utilisé le répertoire de Taizé pour des liturgies-concerts… Je ne saurais trop recommander d'aller à la source.

pour sa gastronomie, le fameux «bouchon lyonnais».
Après la veillée de prière, j'ai invité Émanuel au restau-
rant, et il m'a initié à cette autre merveille, dans un quartier choisi, entre le Rhône et la colline de Fourvière. Nous
correspondons depuis, et sûrement il y aura quelque jour
un autre «bouchon»!

Parmi les lieux chrétiens d'avenir que je voulais visiter, il
en est un à Lyon que j'ai manqué pour des raisons tout à
fait accidentelles, Saint-Bonaventure, dont voici la des-
cription, tirée d'un numéro spécial de *Fêtes et Saisons*, sur
«Les chrétiens dans la ville». Une initiative qui me paraît
en continuité avec tout ce qui précède.

> Une église du centre-ville entre Prisunic, Planète-Saturne,
> Virgin et le Palais du Commerce. À sa porte le métro, des
> autobus, des taxis [...] Depuis 1971, Saint-Bonaventure n'est
> plus une paroisse mais un sanctuaire sans territoire. À ce
> titre, nul baptême, nul mariage, nul enterrement ne s'y
> déroule. Mais lui est confié par l'archevêque le service des
> fidèles, nombreux — 7 à 8 000 par semaine —, qui vien-
> nent prier, mettre un cierge, réfléchir, se confesser, parti-
> ciper à l'eucharistie.
>
> Chaque jour, trois eucharisties sont célébrées avec
> homélie; les confessions sont assurées par 17 prêtres qui se
> répartissent les heures de permanence, l'accueil, par une
> quinzaine de laïcs. Présence, écoute, dialogue sont ici d'une

importance capitale [...] Les étudiants de Lyon [...] se retrouvent chaque mois pour une soirée de prière.

Les liturgies dominicales, auxquelles est apportée une attention toute particulière, sont l'occasion de grandes assemblées où la musique vocale et l'orgue tiennent une place de premier plan.

La formation n'est pas oubliée; conférences spirituelles et culturelles, dans le cadre du Centre Saint-Bonaventure qui réunissent chaque année 300 personnes, concerts le premier dimanche de chaque mois, une «Heure d'orgue».

Tous les grandes manifs passent devant Saint-Bonaventure [...]

Comme quoi les pratiques de l'Église peuvent se repenser, se regroupant dans une société sécularisée où de plus en plus d'églises sont à vendre. On pourrait y ajouter une bibliothèque de sciences religieuses et d'autres services, complémentaires à ceux des paroisses, pour peu que l'esprit de clocher subisse un peu l'usure du temps[37]. Ce qu'il y a à retenir des exemples apportés est l'importance de créer des lieux exemplaires, qui révèlent des possibilités, permettent des choix, de préférence dans le désert des villes, et orientent la demande des fidèles en leur faisant prendre conscience de leurs vraies attentes. Alors que la moyenne d'âge augmente dans les communautés chrétiennes, où

---

[37]. On trouve des orientations convergentes dans une communication d'un théologien de l'Université Laval : Gilles Routhier, *L'initiation chrétienne au Québec, ou de la difficulté à enfanter*, reproduite dans *L'Église canadienne*, 34/8, 2001, p. 223-235.

souvent les ressources musicales abondent sous la forme de chorales diverses, des groupes de retraités pourraient jouer le même rôle que la communauté monastique dans certains rassemblements liturgiques.

En Calcat

Dans le midi de la France, j'avais l'intention de visiter l'abbaye de Sylvanès, mais, outre que cette localité n'est pas accessible par les transports publics, j'ai appris que c'était un lieu de recherche et de formation pour spécialistes. Je n'ai su qu'à mon retour à Paris que le P. André Gouzes, l'initiateur de la «liturgie tolosane» qui en fait la renommée, exerçait son ministère dans une paroisse voisine, où cette liturgie est mise au service des fidèles.

En revanche, le curé de la cathédrale d'Albi m'avait recommandé d'aller à En Calcat où, disait-il, un monastère bénédictin a développé une tradition liturgique d'inspiration traditionnelle qui ne le cède en rien à celle de Solesmes. On y a d'ailleurs traduit le psautier en vue de sa psalmodie en langue française. J'y ai passé quelques jours dans la beauté, mais aussi dans une semi-désolation dont j'avais peine à discerner le sens, et que je crois comprendre aujourd'hui, à la lumière de certains souvenirs.

Pendant plusieurs années, j'ai «fui» à Saint-Benoît-du-Lac et aussi en d'autres monastères pour la fête de Noël et parfois celle de Pâques. En plus d'échapper, avec bien d'autres, au halo commercial du temps des fêtes, j'y retrouvais à son plus beau une célébration chrétienne moins ambiguë, et la tradition grégorienne dans laquelle j'avais été élevé.

Les dernières fois que j'y suis allé, j'ai eu confusément l'impression que cette tradition liturgique, même si elle doit se conserver, faisait aussi partie de tout ce qui annonce «en creux» un christianisme à venir, dont on ne discerne encore la figure que sous la forme d'une insatisfaction et d'un désir incapables de se dire clairement. Je suis allé à Saint-Benoît avec une jeune toxicomane qui, au bout de quelques minutes, m'a demandé de partir. Et pourtant, elle m'avait déjà posé cette question : «Quand tu pries, comment fais-tu ?» Une autre fois, j'accompagnais à Saint-Benoît un groupe de moines tibétains pour une rencontre intermonastique. Ils étaient de la vieille religion antérieure au bouddhisme, et avaient célébré leur culte du jour de l'An à Montréal, dans une église bondée, à guichet fermé. J'ai su qu'ils avaient apprécié médiocrement la messe à Saint-Benoît, qui leur avait paru sévère et opprimante. Fait significatif, leur jeune chauffeur québécois, qui n'avait pas mis les pieds dans une église depuis longtemps, a quitté le réfectoire précipitamment dès le début du repas qui suivait la cérémonie. Je suis sûr que tout ce beau monde aurait réagi autrement dans la lumière de Taizé.

Les monastères actuels sont irremplaçables, mais leur existence même dans notre monde appelle un développement complémentaire qui est déjà beaucoup plus qu'une promesse, grâce à la suppression de la clôture murale et, partant, à la réinvention du chant.

∾

À ma connaissance, il n'existe pas d'inventaire des lieux où le christianisme se réinvente dans le monde. Un manque à combler.

CONCLUSION

Au sinaï, Dieu paraissait absent de chez lui, de la montagne sacrée, du désert. Absent, oui, il l'était pour le mental, appelé à faire silence, et pour la religion. Mais non pour le cœur et aux yeux de la foi. Dans l'expérience chrétienne, il y a donc place pour la déception, appel au dépassement de la religion et à la rencontre du Tout Autre.

À Jérusalem, de nouveau, Dieu, qui devait être si près, dans notre propre nature, n'y était plus. Ce qu'il avait annoncé aux apôtres réunis, il l'avait redit à Marie-Madeleine, une fois ressuscité. Dieu peut se voiler, comme dans la vie terrestre du Christ, mais non sortir du nuage de l'inconnaissance, même à la Transfiguration, où il proportionne le rayonnement de sa gloire à ce que nos yeux peuvent en supporter.

L'Eucharistie, degré ultime de l'Incarnation et de la proximité, est le degré suprême de la Présence divine, par la diffusion de l'Esprit, fluide et pénétrant comme l'eau et le vent. Même quand elle se veut séculière, il n'y a pas de cité vraiment séculière, car si on peut en évacuer les signes visibles, on ne peut expulser la présence invisible de l'Esprit.

Ceux qui cherchent Dieu ne le trouveront pas ailleurs que dans l'Eucharistie. Mais l'Eucharistie n'est pas séparable de la Croix, dont le symbolisme simple et universel, avec ses deux dimensions, horizontale et verticale, ne doit pas être mutilé. Le danger, pour la foi d'aujourd'hui, est de se dissimuler la dimension verticale, qui pointe vers Dieu, pour ne retenir que la dimension horizontale, qui se déploie au niveau du monde et de l'homme. Rien n'empêche de voir Dieu dans l'homme, comme il se doit, mais rien n'y oblige non plus. La cité séculière se veut unidimensionnelle.

Naguère encore, il était mal à propos d'exprimer des réserves sur la sécularisation, puisqu'elle existe et que le dernier concile s'est lui-même rallié à la modernité, dont elle constitue la dimension religieuse. Les chrétiens savent tout, ils ne sont jamais décontenancés, ils ont vu venir, ils sont adaptés ou ils s'adaptent.

Est-ce que je n'interprète pas à ma guise l'Évangile? Est-ce que je ne l'adapte pas et ne le transfigure pas selon le goût du jour? Ne suis-je pas fidèle aux idées de Monsieur Tout-le-monde plutôt qu'à l'enseignement de l'Église?

Nous prétendons transmettre les paroles du Seigneur avec le commentaire autorisé qu'en ont fait la tradition et l'enseignement de l'Église. En réalité, nous les *interprétons* en fonction de la société à laquelle nous participons.

Ne devenons-nous pas ainsi beaucoup plus les témoins de notre temps que les témoins de la révélation[1]?

Pour se situer par rapport à la sécularisation, il importe de reconnaître d'abord sa nouveauté provocatrice, de garder une distance critique sans mettre en veilleuse le caractère également provocateur de la foi de toujours. «Il faudrait nécessairement que les anciens aient toujours partagé nos convictions […] ou bien, inversement, il nous faudrait les répéter. Ainsi se donnera-t-on beaucoup de mal pour donner des justifications théologico-bibliques aux réalités présentes (par exemple, on sortira de la Bible un thème de la sécularisation)[2].»

Ces textes, déjà anciens, ont eu le mérite d'écarter les solutions faciles, alors que la sécularisation était jugée irréversible. Elle est aujourd'hui battue en brèche par le «retour du religieux». Il est moins difficile pour l'Église de se situer par rapport au retour du religieux que par rapport à la sécularisation, où le risque de contamination est plus

---

1. M. DE CERTEAU, *L'Étranger*, p. 137-140.
2. *Ibid.*, p. 179.

grand. (Je n'en dirais pas autant des chrétiens individuels, aussi vulnérables au surnaturel frelaté de l'ésotérisme qu'à la consommation et à la publicité.)

Le problème ne porte pas tant sur le principe de la sécularisation, un gain pour l'Église autant que pour la société. Mais, avec la fin de l'ère constantinienne, l'Église se retrouve dans une situation analogue à celle des premiers siècles, où elle avait à trouver et à maintenir son identité au sein de la société païenne tardive. Le défi est le même : sauver les valeurs humaines, ce qu'elle a fini par faire à elle seule, et répondre au besoin de sens. Le risque est aussi le même, celui de la contamination.

Pour le théologien suisse Kurt Koch (aujourd'hui évêque de Bâle), « il n'est pas absurde de se demander si le christianisme pourra survivre dans ces sociétés [les sociétés européennes] et de quelle manière[3] », faisant écho à ce que le théologien Johann B. Metz appelle « la crise de Dieu ». « Il n'est guère pensable, écrit Koch, de revenir en arrière, de retourner à ce que l'on appelle "l'Occident chrétien". Il nous faut aller au-delà de la sécularisation moderne… Ce phénomène récent de sécularisation ne sera dépassé que si le christianisme ne s'y adapte pas tout simplement. »

---

3. Les citations qui suivent sont tirées de l'article de Kurt KOCH, « La présence de l'Église dans les sociétés sécularisées d'Europe », dans *Le christianisme a-t-il un avenir ?*, sous la direction de Philippe BAUD, Saint-Maurice (Suisse), Éd. Saint-Augustin, 2000.

Il cite ensuite l'évêque luthérien Huber :

À ses yeux, le problème fondamental des Églises chrétiennes est le suivant : en se polarisant avec excès sur l'éthique et la diaconie, les Églises courent le danger de réagir à la sécularisation de la société par un processus d'auto-sécularisation ecclésiale, ou, mieux encore, par réduction de la religion à une morale qui engloberait tout : «Du processus de sécularisation, écrit-il, elles ont fait un processus d'auto-sécularisation ecclésiale. Les exigences morales de la religion sont devenues le thème dominant ; les valeurs spirituelles qui transcendent la morale, la rencontre avec le Tout Autre, l'expérience de la Transcendance ont passé au second plan.» […]

Ces tendances à l'auto-sécularisation du christianisme constituent, sans aucun doute, l'expérience le prouve, le meilleur terrain pour un retour des attitudes fondamentalistes, qui se veulent comme une résistance à ce phénomène. […]

Si l'on se rappelle par ailleurs que, dans l'histoire de l'humanité, on n'a pris conscience des droits de l'homme qu'à partir du moment où la dignité de celui-ci s'est révélée inaliénable comme image de Dieu, une question inquiétante se pose alors : ces droits, arrachés de leur sol chrétien, sauront-ils encore demeurer valides ? Et si oui, comment ? […]

Les Églises en assurent l'ultime ancrage dans la transcendance et veillent sur l'héritage religieux et culturel sur lequel les sociétés sécularisées doivent pouvoir tabler.

Si l'on considère la mission sociale de l'Église, l'insistance sur la question de Dieu et sur la relation à la transcendance s'avère donc indispensable.

Dans des mots à peine différents, ces propos englobent et débordent ce qui a occupé ma méditation au cours de ce voyage commencé au désert sur le thème du temps et de l'éternité. D'une époque à l'autre, on peut rajeunir le discours religieux, le centre de la problématique ne varie pas. Car s'il est vrai que, parmi les étymologies du mot «religion», on trouve la racine «relier», ce discours cherche toujours à relier transcendance et immanence. Parmi ses variations, on rencontre des couples familiers qui, périodiquement, occupent le devant de la scène : Créateur et créature, Dieu et homme, spirituel et temporel, arrière-monde et monde, surnaturel et nature, au-delà et ici-bas, monothéisme et panthéisme, transhistorique et historique, esprit et histoire, foi et culture, religion et société… Pour ma part, j'ai toujours été préoccupé en particulier, comme dans ce journal de voyage, par l'implication directement spirituelle de cette tension : adoration et travail, Dieu et le prochain, contemplation et action.

À des degrés divers et sous des modalités diverses, que chaque région est portée à ignorer, la sécularisation est la forme qu'a pris en Occident l'aménagement du rapport entre transcendance et immanence. Comme expression d'autonomie, de maturité, elle consiste dans l'émancipation de la société par rapport à la religion, à la suite de sa déchristianisation. Elle peut être ou ne pas être antichrétienne, c'est-à-dire «séculariste». Il n'est pas nécessaire de nier Dieu pour qu'elle le soit, il suffit de le considérer comme non pertinent dans les affaires qui comptent.

De toute façon, comme une mer qui reflue, le christianisme aura laissé derrière lui les valeurs humaines les plus précieuses, de dignité inviolable de l'être humain, d'égalité, de liberté de conscience, de justice et de droits — vécues désormais sous un mode «sécularisé». La religion s'en trouve privatisée, mais «affirmer que la religion est l'affaire privée de chacun ne s'oppose en principe qu'à l'étatisation de la religion et non pas à sa manifestation publique; celle-ci est une affaire privée par opposition à une affaire d'État, mais non par opposition à la vie publique[4]».

Sauf dans des pays officiellement athées (à peu près disparus, du moins en Occident), l'expression publique de la foi par l'Église et les personnes n'est donc nullement interdite. Il y aura tout au plus des poussées de laïcisme ombrageux, par exemple à l'occasion de funérailles d'hommes et de femmes en rupture avec l'Église. Le grand danger pour l'Église et les chrétiens dans une société sécularisée est plutôt celui de l'auto-sécularisation.

Au Québec, il ne s'agit pas nécessairement d'auto-censure, mais plutôt de perméabilité aux valeurs d'une société où la foi, autrefois dominante jusqu'à l'oppression, a perdu la cote.

D'une personne à l'autre, l'auto-sécularisation a des visages variés, entre lesquels il y a tout un dégradé. À la limite, la profession de foi peut recouvrir une incroyance

---

4. *Ibid.*, p. 163.

qui ne s'avoue pas[5]. Plus souvent, on assiste à une sécularisation de l'Évangile : d'un côté, non seulement décrochage de la pratique religieuse, mais un ressentiment permanent à l'égard de la religion d'autrefois ; de l'autre, un engagement enthousiaste pour les œuvres de justice et de compassion coupées de la référence à un fondement transcendant, et réduction plus ou moins explicite du Christ à son humanité. La plupart du temps, la perte des repères chrétiens, dont la transmission est compromise, abolit la distance critique à l'égard des valeurs du milieu, intériorisées sans résistance par simple contagion.

Le discours de l'Église elle-même, de contenu surtout éthique, tend à se faire minimaliste, «religieusement correct». Quoi qu'il en soit, le problème ne se pose pas tant au niveau du discours qu'à celui d'une expérience à partager. Le sacré n'est pas une affaire de discours.

Le témoignage prophétique de l'Église dans la cité séculière est de plus en plus transféré aux fidèles. Le symbole du levain devient alors plus pertinent que celui de la ville sur la montagne. Celui de la lampe sur le candélabre est aussi à retenir : elle est là pour faire voir tout le reste, et non d'abord pour être vue. Mais comment ne pas regarder aussi ceux qui vivent tournés vers le Soleil dans la caverne

---

5. Voir, dans ce sens, le texte du P. RAHNER, cité p. 103, note 32.

de Platon ? Toutefois, pour jouer son rôle, le chrétien doit posséder l'Esprit (en être possédé), d'autant plus qu'il est davantage isolé, et, selon l'Évangile, le reçoit normalement de l'Église.

En arrière-plan de ce récit, il m'a semblé que l'Église québécoise est constamment menacée d'auto-sécularisation[6]. Si j'ai insisté presque exclusivement sur la dimension verticale, c'est qu'elle est sans cesse atténuée, renvoyée à l'implicite, au profit d'une ouverture inconditionnelle à la dimension horizontale. La verticalité n'arrive plus à s'exprimer de façon convaincante, même quand on le veut sincèrement ; elle le fait sous une forme édulcorée, dans une liturgie souvent mièvre, avec pour résultat un véritable refoulement spirituel, dont témoigne l'attrait des monastères et des sanctuaires, et aussi la réponse d'un grand nombre quand leur sont proposés des chemins d'intériorité. C'est ce que le phénomène de foule dont j'ai été témoin à Saint-Gervais et à Taizé m'a paru confirmer de façon massive.

En prévision du changement de millénaire, peu avant 2000, il était question, dans une interview d'un de nos

---

6. Un signe entre plusieurs : l'envahissement sans résistance des églises par le calendrier civil. C'est le cas de la fête des Mères (et peu à peu de celle des pères), qui sort de l'intimité familiale où elle avait son sens pour passer dans la société commerciale (on dépense désormais davantage à la fête des mères qu'à Noël). Faut-il mentionner la Saint-Valentin, festival de toutes les « zamours », où on ne parle pas surtout de l'amour de Yahveh et de son peuple… etc. Certaines sont excellentes, comme la fête du Travail. Le problème tient plutôt à la prévalence du calendrier civil et à l'effacement du calendrier liturgique dans l'organisation du temps pour les croyants.

évêques, de compassion et de pratiques pastorales nova-
trices. Or un journaliste astucieux avait apposé un titre
assez peu conforme au texte : « À tant se préoccuper de
pauvreté et d'exclusion, l'Église a-t-elle négligé les besoins
de l'âme au profit de ceux du corps ? »

Quelle que doive être la figure du christianisme à
venir, il n'y en aura aucune si n'est pas surmontée l'actuelle dissociation entre l'adoration et la diaconie, entre
la contemplation et l'action, ou encore entre les deux com-
mandements. Généralement, obéissant à la parole de
l'Évangile, on commence par l'amour du prochain, puisqu'on nous dit de voir Dieu dans le prochain. Il n'est pas
interdit pour autant de rencontrer Dieu directement ! Le
malheur est que, avec la sécularisation, on en reste à
l'amour du prochain, ou bien, au mieux, la rencontre de
Dieu reste implicite ou problématique.

Ce qui m'a donné le goût d'écrire ce journal, c'est que
mon voyage intérieur avait suivi le chemin inverse, celui
qui mène de Dieu au prochain, ou plutôt, puisqu'il ne faut
pas les dissocier, celui qui mène à voir l'autre en Dieu
encore plus que Dieu en l'autre. Il faut pour cela tourner
le regard vers Dieu, et c'est ce qui se produit autour des
croyants, partout où une communauté sait exprimer et
partager son expérience de Dieu, comme les anciens
esclaves noirs d'Amérique ou les nouveaux moines d'aujourd'hui.

Le chrétien travaille en convergence dans le monde
avec tous ceux qui œuvrent à la promotion de l'homme,

mais son inspiration dépasse la simple philanthropie. Selon la formule magnifique du fondateur de Saint-Gervais, «C'est en devenant fils qu'on devient frère.»

Selon les exégètes actuels, le Dieu de la Bible n'est jamais Dieu en général, ou le Dieu un (qui va se diversifier en trois personnes). Même dans l'Ancien Testament, et encore plus dans le Nouveau, tous les noms qui le désignent renvoient au Père. C'est lui qui, au Sinaï, m'aspirait comme le soleil aspire l'eau de la terre.

On se demande souvent comment articuler contemplation et action. Les réponses varient. On dit parfois, et cela inclut des théologiens, que l'action au service des autres est en elle-même une prière suffisante. Outre que cela est peu conforme à la grande tradition chrétienne, ce n'est pas ce que nous trouvons chez les modèles les plus accomplis de chrétiens d'action, comme frère Roger, mère Teresa, Jean Vanier, Martin Luther King, etc. Le problème est peut-être théorique. Il s'agit moins d'articuler les deux dimensions une fois pour toute dans l'abstrait que de les faire exister toutes les deux. Si la contemplation est vraiment chrétienne, l'action suivra, mais l'inverse est moins vrai. Il y a, bien sûr, un lien entre contemplation et solitude, mais, selon la belle expression de saint Pierre Damiens, c'est une solitude plurielle (*solitudo pluralis*).

Un de mes (rares) auteurs de chevet est un théologien anglican du nom de Kenneth Leech, socialiste et anti-thatcherien convaincu, qui a fait carrière comme pasteur dans un des quartiers les plus déshérités d'Angleterre, auprès des dockers du port de Londres. C'est dans ses livres que j'ai lu les appels les plus convaincants à la contemplation. Lui-même aime citer un autre penseur anglican (Charles Elliott), qui disait : « L'action radicale commence par la contemplation radicale. » Je suis persuadé que la définition ignacienne colle plus que jamais au chrétien post-moderne : *contemplativus in actione* (un contemplatif dans l'action), et que le premier souci de l'Église d'aujourd'hui devrait être de donner de tels chrétiens au monde et à Dieu, car seule la sève mystique peut circuler librement dans le corps de la modernité séculière.

TABLE

Introduction   11

Journal de voyage   29
    Sinaï ou la rencontre du Père   31
    Sion ou la rencontre du Fils   121
    La cité séculière ou la rencontre de l'Esprit   179

Conclusion   245

Dans la collection « L'essentiel »

Roland Arpin
Territoires culturels

Gregory Baum
Compassion et solidarité

Guy Bourgeault
Éloge de l'incertitude

David Cayley
Entretiens avec Ivan Illich
Entretiens avec Northrop Frye

Fernand Dumont
Une foi partagée

Ursula Franklin
Le nouvel ordre technologique

Robert Fulford
L'instinct du récit

Robert Heilbroner
Le capitalisme du XXIe siècle

Naïm Kattan
Idoles et images

Georges Langlois
À quoi sert l'histoire?

M. Owen Lee
Wagner
ou les difficiles rapports entre la morale et l'art

Doris Lessing
Nos servitudes volontaires

Jean-François Malherbe
Le nomade polyglotte
L'excellence éthique en postmodernité

Charles Taylor
Grandeur et misère de la modernité

Pierre Vadeboncœur
Le bonheur excessif
L'humanité improvisée

AGMV Marquis

MEMBRE DE SCABRINI MEDIA

Québec, Canada
2003